アベノミクスに
よろしく

明石順平
Akashi Junpei

インターナショナル新書 014

まえがき

この本は、アベノミクスの「中身」と、その「結果」について、政府や国際機関が公表しているデータを基に、客観的に検証した本です。使用されているグラフと表の数は合わせて90近くあります。

わかりやすさを重視し、「何でも知ってるモノシリ生物モノシリンが、太郎君に解説する」という対話形式の設定にしました。また、二次利用フリーとなっている佐《さ》藤《とう》秀《しゅう》峰《ほう》先生の人気漫画『ブラックジャックによろしく』を使用し、内容が端的に頭に入る工夫も施したつもりです。漫画の登場人物が喋《しゃべ》るセリフが中身の要約になっています。それがこの本の特徴のひとつですので、ぜひ楽しんでください。

『アベノミクスによろしく』というタイトルは、もちろん『ブラックジャックによろしく』をもじったものですが、それ以外にも、アベノミクスを推進・擁護してきた人たちに向けて「まともな経済政策をよろしくお願いします」という意味を込めています。

用語解説も書きましたので、経済学の知識がなくても十分に理解できる内容になっているはずです。アベノミクスについて書かれた本は多々ありますが、本書ほど「わかりやすさ」に重点を置いた本はないと思います。

アベノミクスについては、疑問を呈する意見もありますが、概《おおむ》ね結果を出しているという論調が世の多数を占めているでしょう。しかし、客観的なデータを基に分析してみると、それが大きな誤りであることがわかります。この本を読めば、良い結果を出すどころか、アベノミクスが空前絶後の大失敗に終わっており、さらに出口も見えないという深刻な状況に陥っていることがよくわかるでしょう。しかも、その失敗を覆い隠すために、GDPが、算出基準変更に伴う改定のどさくさに紛れて大幅にかさ上げされた疑いもあるのです（第4章）。これはほとんどの人が気づいていないことです。

この本は、できれば全ての国民に読んでいただきたい本です。読み終わった後、厳しい現実に直面することになります。それでも、現実から目をそらさないでください。現実をありのままに見つめることから始めなければ、この国の未来は開けないでしょう。現代日本の最大のリスクは「アベノミクス」なのです。

目次

第1章

アベノミクスとは何か

©『ブラックジャックによろしく』佐藤秀峰

アベノミクスの「3本の矢」

太郎（以下太） 2012年12月に安倍政権が発足して、もうすぐ5年になるね。これだけ長期政権になるのって異例だね。最近は森友問題とか加計問題で支持率が下がったけど、経済の方は「アベノミクス」が効果を上げているって思っている人が多いんじゃないかな。だから、いろいろ問題があっても安倍総理を支持し続ける人がいるんだと思う。だけど、そもそもアベノミクスって何なの？ 名前は有名だけど、中身がわからないんだよねぇ。

モノシリン（以下モ） 「アベノミクス」というのは、次の「3本の矢」を柱とする政策だ。

①大胆な金融政策
②機動的な財政政策
③民間投資を喚起する成長戦略

（首相官邸ホームページより）

モ 「第1の矢」の大胆な金融政策というのは、日銀が民間銀行にたくさんお金を供給してデフレを脱却するというものだ。これを「金融緩和」という。ちなみに、日銀とは「日本銀行」の略。日銀は通貨を発行する機関で、その主な役割の1つが、世の中に行き渡るお金の量を調節することだ。

太　「デフレ」って何？

モ　「デフレーション（収縮）」の略さ。これは、物の値段がどんどん下がっていく現象のことだよ。

太　デフレが起きるとダメなの。

モ　物の値段が下がる↓企業の利益が下がる↓労働者の賃金が下がる↓下がった賃金に合わせないと物が売れないので物の値段がさらに下がる↓さらに企業の利益が下がる↓さらに労働者の賃金が下がる……という悪循環が起きて、経済が悪くなると言われている。この悪循環を「デフレ・スパイラル」と呼ぶ。

太　デフレの逆は何？

モ　「インフレーション（膨張）」。略して「インフレ」という。これはデフレとは逆に物の値段が上がっていく現象のことさ。デフレ・スパイラルとは逆の現象が起きると言われている。つまり、物の値段が上がる↓企業の利益が上がる↓労働者の賃金が上がる↓上がった賃金に合わせて物の値段もさらに上がる→さらに企業の利益が上がる→さらに労働者の賃金が上がる……という好循環が起きるとされている。昔、日本が急激な経済成長を遂げた時はこういう現象が起きていた。

太　じゃあインフレの方が良いわけね。

モ　インフレの「質」によってはそうとも言い切れない。手の付けようがないインフレになると逆に悪影響だ。例えば、物価が一気に100倍になったとしよう。そうすると、銀行に預けていたお金の価値は100分の1になる。つまり、100万円の預金が実質的には1万円になってしまうということだ。貯めたお金で老後を乗り切ろうと考えている人なんかにとっては大問題になる。

太　行き過ぎてもよくないということね。そういうことにならないように、通貨発行機関である日銀がお金の量を調節しているんだな。

モ　そう。アベノミクスは極端なインフレじゃなくて、緩やかなインフレを起こそうとしている。当初は2年以内に前年比2%の物価上昇率を目標にしていた。大事な点だからここは覚えておいて。「前年比2%」だ。アベノミクス開始から2%じゃない。しかも、その2％には消費税増税の影響を含まない。

太　ふ～ん。で、第1の矢でインフレにして、その後どうすんの？

モ　政府が公共投資をして、たくさんお金を国民に供給する。政府がお金を使って公共投資をすることを財政政策と呼んでいる。せっかく金融緩和でお金を増やしても、使われなきゃ意味がないから、政府がお金の使い道を作るんだ。

太　公共投資って、道路造ったり橋造ったりすること？

モ　典型例はそうだね。そうやって道路を造ったり橋を造ったりするために政府がお金を使うと、使ったお金が国民の懐に入るでしょ。で、国民の懐に入ったそのお金が飲み食いとか旅行とか家電を買うとかいろいろ使われたら、世の中にお金が行き渡っていって景気が良くなる……まあこんな考え方のもとに財政政策は行われる。

太　お金の量を増やすのが金融緩和で、お金を使うのが財政政策ってこと？

モ　まあそうだね。

太　最後の3本目の矢は何？

モ　これは法律の規制を緩めることなどによって、もっと企業が儲《もう》かりやすい環境を作ることだよ。3本の矢を食事に例えるとこういう関係になるかな。

①金融緩和→食べ物の量を増やすこと。
②財政政策→食欲を増やして食べさせること。
③規制緩和→体質改善して消化・吸収を良くすること。

太 ふーん。食べ物の量を増やして、食欲も増やしてたくさん食べるようにして、さらに体質改善と……そうやって体（経済）を大きくしようということか。

モ そうだね。このように3本の矢で構成されるアベノミクスなんだけど、一番の特徴は第1の矢だ。不景気時の金融緩和は他の国でもやっているけど、アベノミクスの場合は緩和の規模が世界に類を見ない超異次元レベルなんだ。アベノミクスは第1の矢に尽きると言っても過言ではない。だから、この本では第1の矢つまり金融緩和の内容とその効果を中心に話そうと思う。

実質金利をマイナスにする

モ　さっきも言ったとおり、金融緩和というのは、とっても単純に説明すると日銀が民間銀行にたくさんお金を供給することだ。

太　それで何がしたいの？

モ　企業などがお金を借りやすくするんだ。太郎、君が何か画期的な製品を発明したとする。そして、それをたくさん製造して売ろうとする場面を想像してごらん。

太　まず製品をたくさん製造するためにお金が必要だよね。原材料費とか人件費とか。製品を製造する機械やそれを置く工場も必要だし。それから広告宣伝費もかかるね。

モ　そう。だが、まだ製品を売る前だから君の手元にはお金がない。さあどうする。

太　誰かにお金を借りるしかないね。

モ　そうだね。そういう時にお金を貸してくれるのが銀行だ。そして、銀行はお金を貸す時に利息をつける。利息は金利とも呼ばれる。お金のレンタル料と考えればいい。例えば年5％の金利で100万円借りて1年後に返す場合、君は105万円返さないといけない。

太　多めに返すのね。銀行はその差額で儲けるわけだな。金利が高すぎると返す時が大変だね。

モ　そう。だから、お金を借りやすくするためには、金利を下げればいい。例えば金利5%を1%に下げるというようにね。そうすれば企業がたくさんお金を借りるので、世の中に出回るお金が増えて、経済が活性化するだろう……。ということで、日銀は金利を下げてお金を借りやすい状況を作ってきた。

太　ふ〜ん。でもさあ、金利を下げるのも限界があるよね。ゼロ以下には下げられない。

モ　そう。ゼロ以下になったら貸す側が借りる側に金利を支払うことになっちゃうからね。そうしたらお金を貸す意味がない。これ以上下げようがないから、金利は長い間ほとんどゼロの状態が続いている。でもね、実質的に金利をゼロ以下にする方法がある。それが物価を上げることだ。太郎、例えば君が100万円を借りたとする。そして、その後物価が上昇して2倍になったとしよう。

太　物価が2倍になれば、僕が何か物を売った場合の売上げは単純に考えて2倍になるね。50万円でしか売れなかった物を100万円で売れるわけだから。そうすると、返すのが楽だね。実質的に返すお金が半分になる。

モ　そのとおり。例えば物価が10％上がれば、それは実質的な金利が10％下がるのと同じだ。つまり、実質的な金利はゼロ以下にできる。実質金利を式にすると次のとおりだ。なお、名目金利とは見かけの金利のことだ。

実質金利＝名目金利－予想物価上昇率

太　なるほど。見かけの金利はゼロでも、物価上昇を考えると実質的な金利はマイナスになるということだな。そうすると借りる側にとってはお得だね。

モ　そう。そして、みんなが「物価が上がっていく」と予想すれば、それは「実質金利が下がっていく」と予想することを意味する。そうなればお金が借りやすくなるから、みんなお金を借りて、経済が活性化する……と考えたわけだ。

では金融緩和の前提知識を説明したところで、何が異次元なのか説明していこう。日銀の金融緩和の中心的方法は、具体的に言うと、民間銀行が持っている国債を買い入れることだ。国債とは、国にお金を貸していることを証明する債券だ。要するに国の借金のことだと思えばよい。国債の9割は国内で買われていて、日本の民間銀行は国債をたくさん持っているんだ。

太　日本は海外からじゃなくて、ほとんど身内からお金借りてるのね。

モ　そうだよ。そして、銀行は国民から預かっている預金で国債を買っているから、国民が間接的に国にお金を貸していることになる。

　話を元に戻そう。日銀は民間銀行から国債を買い上げる。だから、日銀が国債を買えば買うほど民間銀行にお金が貯まっていく。具体的には、民間銀行が日銀に持っている日銀当座預金口座にお金がどんどん積み上げられていく。

太　へ〜。民間銀行は日銀に口座を持ってるんだ。そこにお金が貯まっていくと、お金があり余った状態になるから、民間銀行はお金を貸しやすくなるね。

モ　そう。そして、銀行がたくさん貸し出しをするようになれば、市中に出回るお金の量が増える。つまり、皆が持つお金の量が増えるということだ。そして、皆が持つお金の量が増えれば、それに合わせて物の値段を上げても、みんな買ってくれるだろう。だからどんどん物の値段が上がっていく。

太　そうやって物価が上がっていくはずなんだね。

モ　そう考えられていた。この日銀が供給する通貨のことを「マネタリーベース」という。これはより具体的に言うと、「日本銀行券発行高（紙幣）」＋「貨幣流通高（硬貨）」＋「日銀当座預金」の合計値のことだ。異次元の金融緩和はこのうち「日銀当座預金」のお金を増やしていく政策なんだ。ざっくり言えば、日銀が民間銀行に供給するお金を増やす政策だと考えればいい。そして、民間銀行はこの供給されたお金を貸し出しに回す。太郎、ここで、民間銀行がまずAさんに１００万円貸す場合を想像してみて。民間銀行から１００万円のお金を借りたAさんはどうするかな。

太　いきなり全部使うってことはしないだろうから、とりあえず民間銀行の預金口座に入れるんじゃゃないの。

モ　そうだね。そうすると、民間銀行は預かったお金をまた貸し出しに回せる。ただ、預金の引き出しに備えて、一定額を手元に残さなければならないと法律で決まっている。この手元に残すお金はとりあえず計算しやすいように10％としておこう。つまり、Aさんから預かった１００万円のうち、10万円を手元に置き、残りの90万円を貸し出しに回せるとする。さて、今度は民間銀行がBさんに90万円貸したとしよう。Bさんはどうするかな？

太　やっぱりいきなり全部使うってことはしないから、とりあえず民間銀行に90万円預けるんじゃないの。

モ　そうだね。そしたら、またその10％を手元において、残りを貸せるね。つまり、81万円を貸し出しに回せる。この81万円をCさんが借りて、また民間銀行に預けたとしよう。ここで、AさんとBさんとCさんの預金の合計はどうなっているかな。

太　271万円。あれ、もともと供給されたお金は100万円だったのに、預金の合計が271万円になってる。なんだか不思議だな〜。

モ　でしょ。民間銀行はこうやって貸し出しと預金を繰り返し、お金をどんどん増やしていく。これを「信用創造」っていうんだ。

太　これ、みんなが一斉にお金を引き出しにいったら民間銀行潰れちゃうじゃん。

モ　そうだね。本当は預金全額に見合うお金を持っているわけじゃないからね。まさに「預金を返してもらえる」と信じてお金を預けるから成り立つ現象だ。みんなが「預金が返ってこないかも！」と思って一斉に引き出したら破綻《はたん》するね。

こうやって、信用創造などを経て実際に市中に供給されたお金を「マネーストック」というんだ。会社や個人が持っている預金等を全部合わせたものだよ。信用創造によってお金が増えるから、マネーストックは当然マネタリーベースより断然多い。

太　マネタリーベースがお金の素《もと》で、それを使って作り出されたのがマネーストックということか。マネーストックが増えれば、みんなが持っているお金が増えるということだから、物価が上がるということかな。

モ　そのとおり。日銀がやっている金融緩和は、たくさん国債を買い入れて、まずはお金の素であるマネタリーベースを増やすというものだ。これによって「物価が上がるぞ～」という予想（インフレ予想）が生まれ、貸し出しが増え、マネーストックが増えるという考えが前提にある。日銀の金融緩和の手法は他にもあるが、まずはここに着目してみよう。

日銀の異次元金融緩和

モ　２０１３年４月４日、日銀は、マネタリーベースを年間60兆～70兆円のペースで増加させることを決定した。さらに、２０１４年10月31日、日銀はこの増加ペースをさらに加

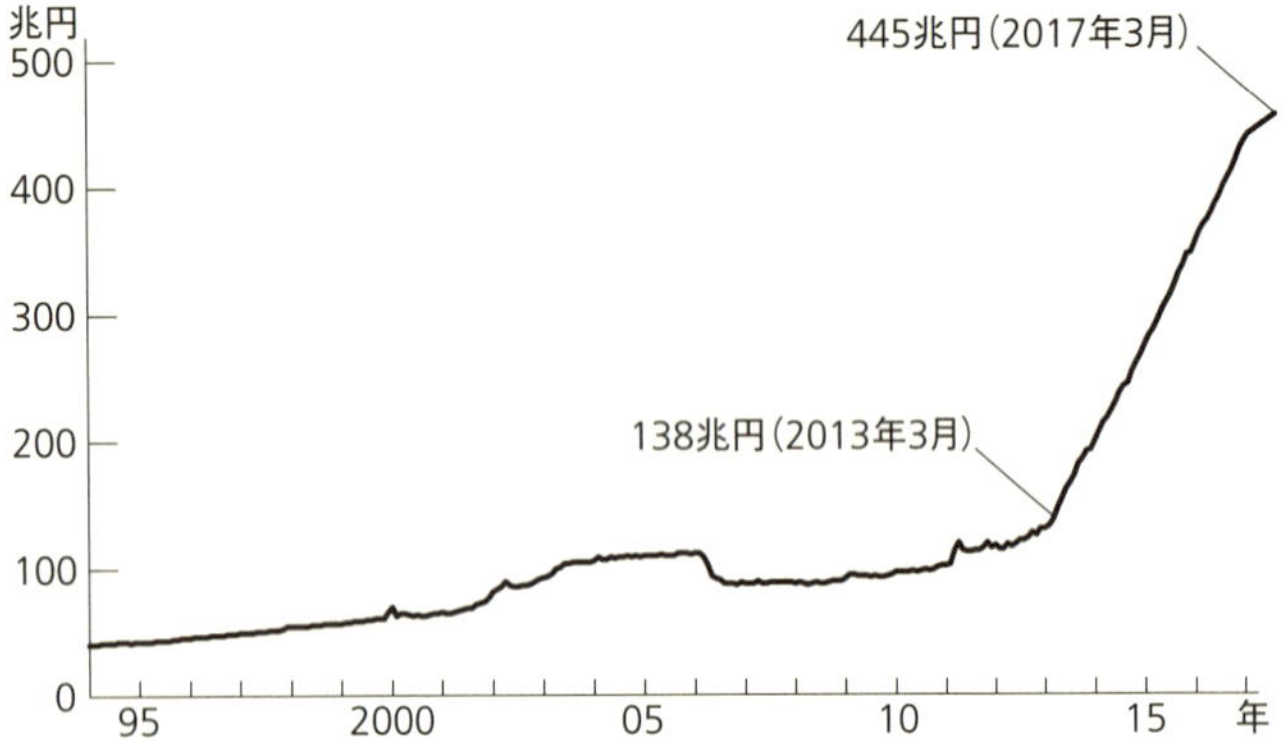

図1-1　日本のマネタリーベースの変化(季節調整値)

※「ビールは夏に売れる」など、経済統計データには1年を周期とする季節的な変動がある。この季節的な変動を除去したものが季節調整値である。

資料:日本銀行ホームページ「時系列統計データ検索サイト」

速させ、年間80兆円のペースでマネタリーベースを増加させることを決定した。

太　年間で増やすペースが60兆〜70兆円だと足りないと判断して、さらに10兆〜20兆円増やしたんだね。

モ　そう。そのマネタリーベースの増加を示すのが**図1-1**のグラフだ。

太　何これ……。なんか異次元の世界に飛び立っているみたいなグラフだね。

モ　日銀が異次元金融緩和を決定する前の2013年3月時点でのマネタリーベースは約138兆円。そして、それから4年後の2017年3月時点でのマネタリーベースは約445兆円だ。

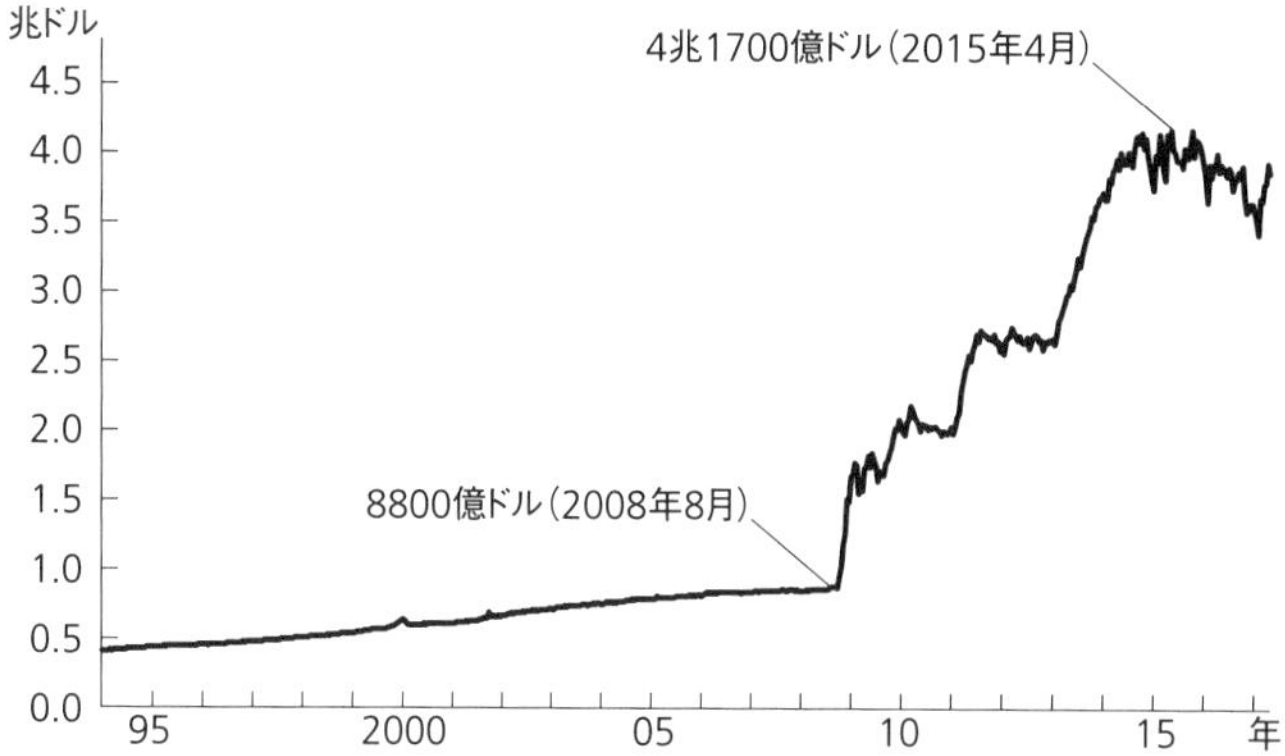

図1-2　米国のマネタリーベースの変化（季節調整値）

資料：Federal Reserve Bank of St. Louis「St. Louis Adjusted Monetary Base」

太　開始前と比較すると３倍を優に超えるね。４年で３０７兆円も増えたのか。なんか凄《すご》いな。これ、他の国は同じようなことやってないの。

モ　それは最も重要な指摘だ。超金融緩和をしたアメリカのマネタリーベースと比較してみよう。**図１－２**のグラフを見てごらん。

太　アメリカのマネタリーベースの増加も凄いね。

モ　２００８年８月のマネタリーベースが約８８００億ドル。そして、ピークが２０１５年４月の約４兆１７００億ドルだ。

太　約３兆２９００億ドル増えたということか。１ドル１００円とすると、約３２９兆円

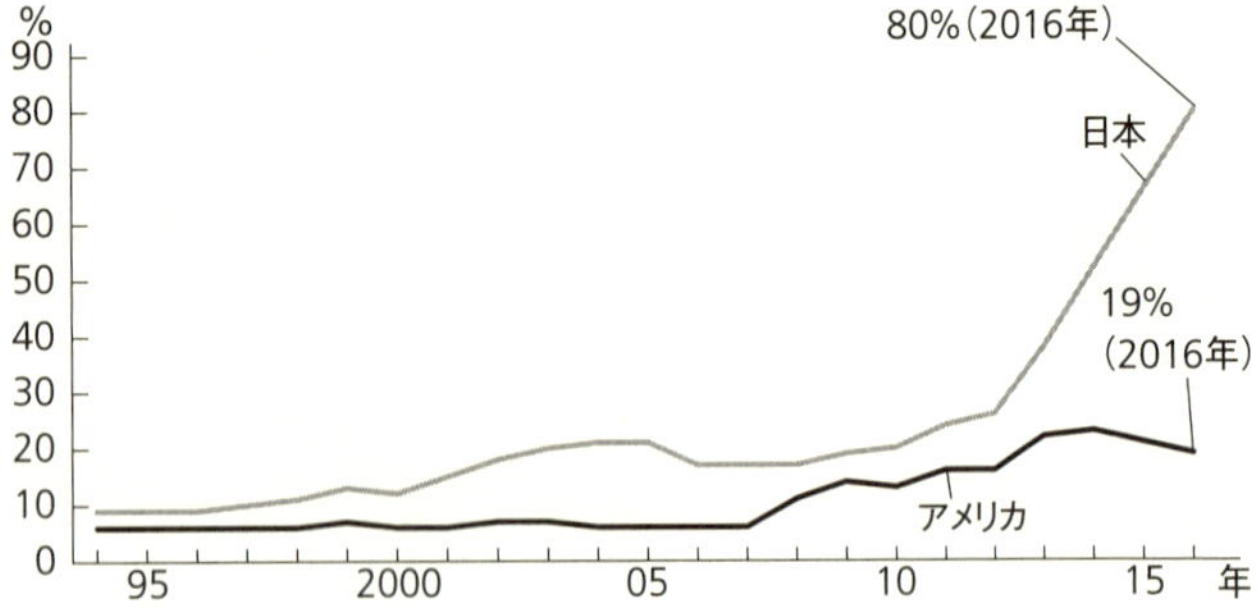

図1-3　日米マネタリーベース対GDP比率
※マネタリーベースは各年の12月時点の数値を採用。
資料：日本銀行ホームページ「時系列統計データ検索サイト」、
内閣府ホームページ「国民経済計算（GDP統計）」、
IMF「World Economic Outlook Database」、
Federal Reserve Bank of St. Louis「St. Louis Adjusted Monetary Base」

増えたということだね。アメリカの方が金額が上じゃん。

モ　太郎、日本とアメリカの経済規模を考えると、そうとも言えないんだ。アメリカの名目GDPは日本の3倍以上もある。だから、金融緩和の規模を正確に比較するためには、マネタリーベースを名目GDPで割った数字で比較することが必要だ。それが**図1－3**のグラフだよ。なお、GDPというのは、非常に簡単に言うと、国内でみんなが儲けたお金を全部合計したものだよ。これがその国の経済規模を示すんだ。そして、名目GDPというのは、物価の上昇を考慮しない、金額そのままの数値を指す。

太　え……日本の方がはるかに上じゃん。201

6年時点での比率を比較したら、日本はアメリカの4倍になってるよ。何これ？

モ　なぜ日銀の金融緩和が「異次元」と言われるかがこれでわかったかな？　アメリカではピーク時（2014年）ですらマネタリーベースの対名目GDP比は20%台前半だった。ところが、日本はもう80%に達している。しかも、アメリカは2014年に緩和を終えたから比率がどんどん下がっているけど、日本はまだ継続中だから、これからもどんどん比率は伸びていく。やがて、名目GDPの額を超えるだろう。つまり100%を超えるということだ。こんな規模の緩和をやっているのは世界で日本ただ一国だ。

太　もうこれ怖いんですけど……。異常すぎるでしょ。

モ　そうだね。ところで、金融緩和によって物価が上がれば貸し出しが増える、つまりマネーストックが増えて景気が良くなる、という効果があると言われているのはさっき説明したとおり。ここにもう1つ、物価が上がると起きる現象があると言われている。それは消費が伸びることだ。物価が上がっていくと、みんなが「これからもっと物価が上がっていくから、その前に買っておこう」と考えて、たくさん物を買う現象が起きると言われている。

太　ほんとに？　物価が上がったら逆の現象が起きると思うけどな……。安い方がみんな買うと思うけど。

モ　その疑問はもっともだね。さて、今までの話をまとめると、金融緩和によって起きると言われている現象は、次の2つに要約できる。金融緩和をすると、皆が物価が上がると予想するので、

●貸し出しが増えて、市中にお金がたくさん出回り、景気が良くなる。

●消費も伸びて、景気が良くなる。

太　つまり「物価が上がれば景気が良くなる」ってことね。

モ　そうだね。このように、物価が上がれば景気が良くなるという考えを持つ経済学者を「リフレ派」っていうんだ。リフレっていうのは「リフレーション（再膨張）」の略だよ。このリフレ派の代表的な学者として、ノーベル経済学賞受賞者のポール・クルーグマンという人がいる。金融緩和はこの人の考え方に基づいているといってもいいね。

太　ふ〜ん。リフレ派っていうのは、デフレ（収縮）でちっちゃくなった経済を、物価を

上げることでもう一度膨らまそうと考えている人たちのことだね。

モ　そう。ではリフレ派の言うような現象が本当に起きたのか、第2章で検証してみよう。

第1章まとめ

①マネタリーベースとは日銀が供給する通貨のこと。より具体的に言うと、「日本銀行券発行高」＋「貨幣流通高」＋「日銀当座預金」の合計値。異次元の金融緩和はこのうち「日銀当座預金」のお金を増やしていく政策。日銀当座預金とは日銀が民間銀行のお金を預かる口座。日銀は民間銀行から国債を大量に買い取り、その代金を日銀当座預金に入れている。

②マネーストックとは世の中に出回っているお金の総量で、個人や企業、地方公共団体が保有している現金・預金を全部合計したもの。日銀当座預金を増やしても、それが貸し出しに回らなければ、このマネーストックは増えない。マネーストックが増えないと、物価も上がらない。

③GDPとは「Gross Domestic Product」の略称で、日本語では「国内総生産」と訳される。要するに日本国内で儲かったお金を全部合計したもの。この儲かったお金は日本国内の誰

かが支出したもの。その支出を合計したものを「GDE（Gross Domestic Expenditure）」という。日本語では「国内総支出」と訳される。GDPとGDEの額は概念上一致する。なお、内閣府はGDEを「GDP（支出側）」と表記している。「GDPの6割は国内消費」などと表現されることが多いが、この時の「GDP」は、内閣府の表記に従うと「GDP（支出側）」とするのが正確。本書ではこの「GDP（支出側）」を検証の対象としている。単に「GDP」と表記してあれば、「GDP（支出側）」を意味すると理解してほしい。

日銀の金融政策は、マネタリーベース（のうち、日銀当座預金）を異次元のペースで増やしていくもの。対名目GDP比でいうと、マネタリーベースの規模はすでにアメリカの4倍を超えている。マネタリーベースが異常な勢いで増大することで、人々が「物価が上がる」と予想する。それにより、次の現象が起きて景気が良くなると日銀は予想した。

④実質金利が下がり、民間銀行の貸し出しが増えて、マネーストックが増える。
⑤物価が上がる前にみんな物を買おうとするので、消費も伸びる。

第2章

マネーストックは増えたか

© 『ブラックジャックによろしく』佐藤秀峰

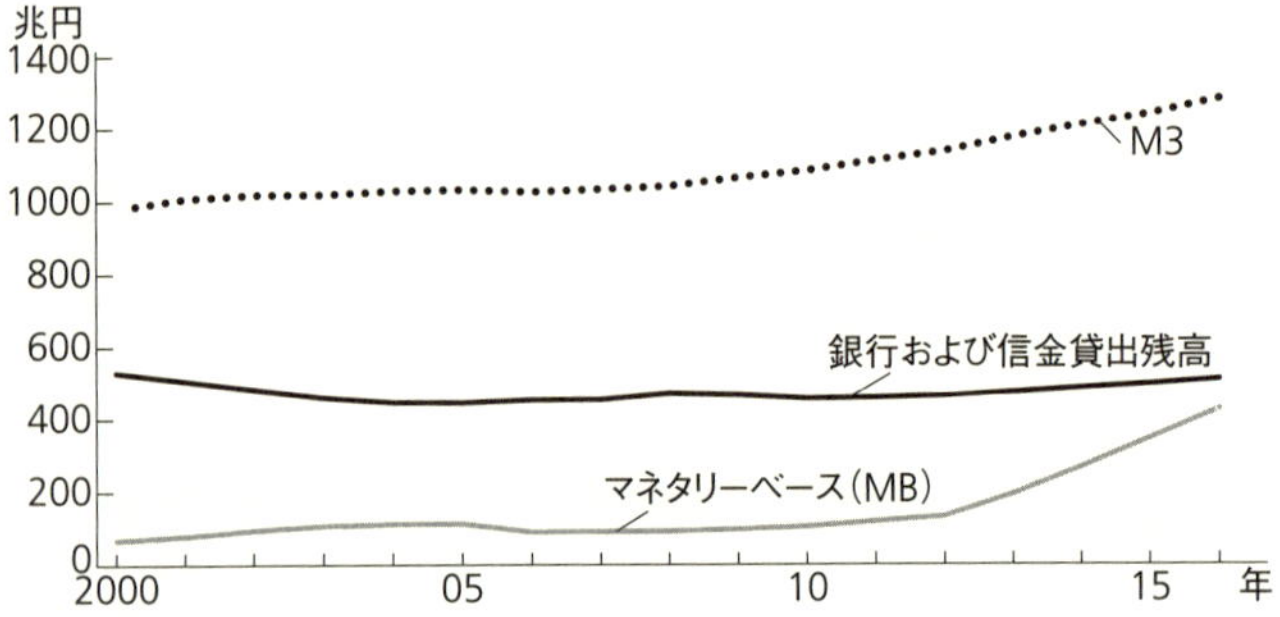

図2-1　MB、M3、銀行および信金貸出残高
※数値はすべて各年12月時点のもの。
資料：日本銀行ホームページ「時系列統計データ検索サイト」　注：2000～03年のM3は、各年の【M3+CD−金銭信託】に0.994をかけて算出（M3のみの数値がないため）。なお、0.994は2003～07年までの【各年12月M3】÷【各年12月M3+CD−金銭信託】の平均値。

第1の前提は崩れた

モ　さて、それではマネーストックが増えたのかどうか見てみよう。マネーストックには、「M1」「M2」「M3」「広《こう》義《ぎ》流《りゅう》動《どう》性《せい》」の4種類*1があるが、代表的なのはM3だ。このM3は、「現金通貨＋全預金取扱機関に預けられた預金」を意味する。

太　手元に持ってる現金と、銀行とかに預けているお金全部を足したものということね。

モ　そう。このM3と、銀行および信用金庫の貸出残高、マネタリーベースの増加を比較してみよう。銀行および信用金庫の貸出残高というのは、要するに銀行と信用金庫が貸しているお金を全部足した数字だ。**図2-1**のグラフを見てごらん。

太　M3は2008年あたりから緩やかに増加し

続けていて、2013年の金融緩和前後でも傾きはあまり変わってない。銀行と信用金庫の貸出残高も金融緩和の前後であまり傾きが変わってないね。マネタリーベースが急激に右肩上がりになっているのとは大違い。

モ　そう。緩和の前後で傾きはほとんど変わっていない。これはね、各数字を指数化するとよりよくわかるよ。指数というのは、ある年の数字を100として計算しなおした数字

＊1　M1、M2、M3、広義流動性の定義は次のとおり（日本銀行「マネーストックの概要」から引用）。
M1＝現金通貨＋預金通貨（現金通貨＝銀行券発行高＋貨幣流通高、預金通貨＝要求払預金〈当座、普通、貯蓄、通知、別段、納税準備〉－調査対象金融機関の保有小切手・手形）
M2＝現金通貨＋国内銀行等に預けられた預金
M3＝M1＋準通貨＋CD（譲渡性預金）＝現金通貨＋全預金取扱機関に預けられた預金（準通貨＝定期預金＋据置貯金＋定期積金＋外貨預金）
広義流動性＝M3＋金銭の信託＋投資信託＋金融債＋銀行発行普通社債＋金融機関発行CP（コマーシャル・ペーパー）＋国債＋外債

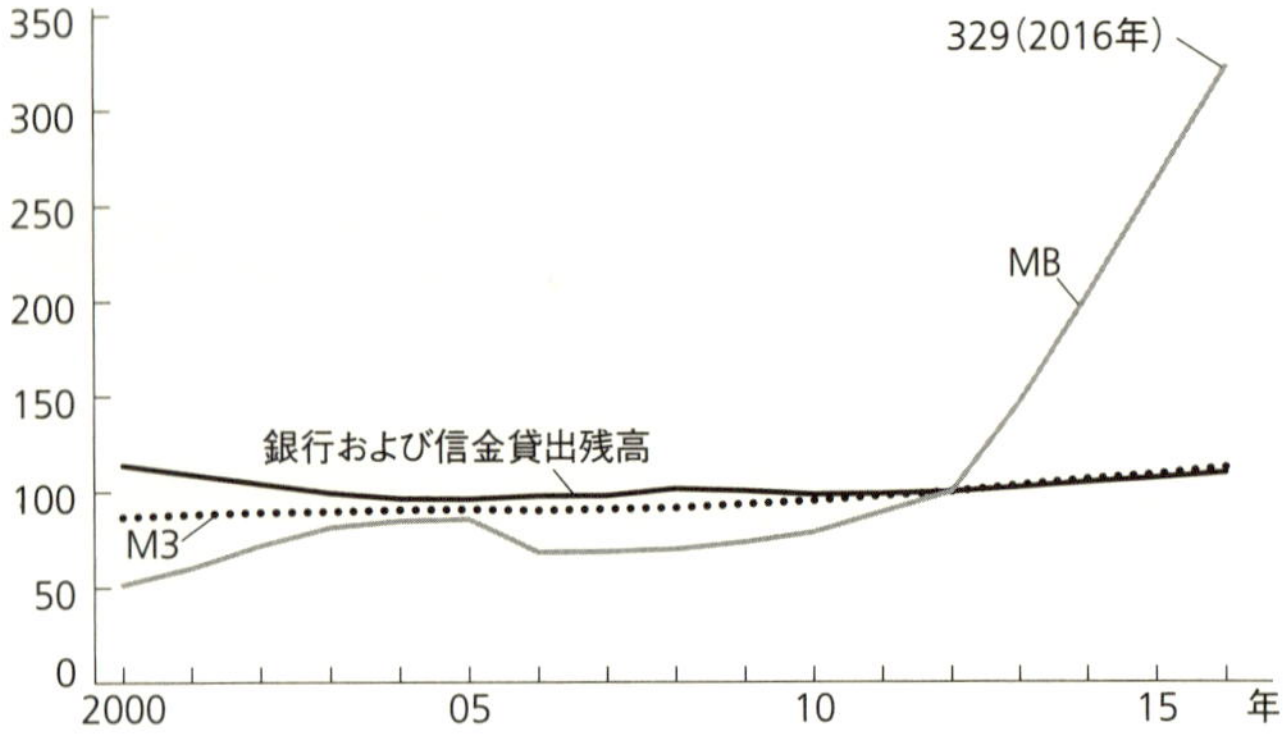

図2-2　MB、M3、銀行および信金貸出残高指数

2012年＝100とする指数。　※数値はすべて各年12月時点のもの。

資料：日本銀行ホームページ「時系列統計データ検索サイト」

のことだ。

太　指数化することで傾向がつかみやすくなるということだね。

モ　そのとおり、では**図2－2**のグラフを見てごらん。これは金融緩和前の2012年の数字を100としたものだ。

太　うわ〜。これマジで？　マネタリーベースの指数は329まで超急上昇しているのに、他の指数はほとんど上がってないじゃん。マネタリーベースは超増やしたけど、貸し出しも大して増えず、マネーストックも増えなかったということか。

モ　そうだね。まあ正確に言うと増えてはいるけど緩和前とほとんど増えるペースが変わらなかったということだ。「マネタリーベースを増やせば

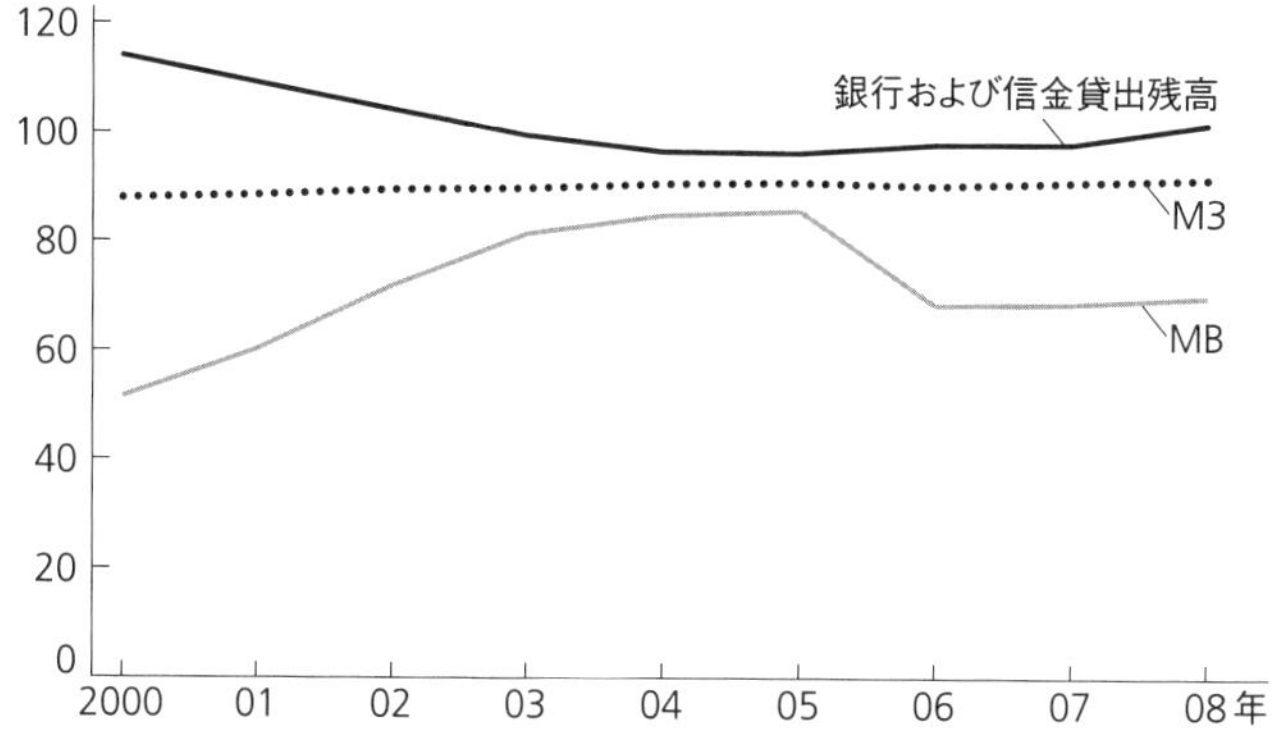

図2-3　MB、M3、銀行および信金貸出残高指数（拡大図）
2012年＝100とする指数。　※数値はすべて各年12月時点のもの。
資料：日本銀行ホームページ「時系列統計データ検索サイト」

マネーストックも増える」という前提は崩れたというべきだろう。実はこうなることは予測できたはずなんだけどね。

太　どういうこと？

モ　マネタリーベースを増やす政策は以前にもやったことがあるんだよ。今回の金融緩和とは全然規模が違うけどね。グラフをよく見ると２００１～05年までマネタリーベースが上昇しているだろう？　ちょっとその部分を拡大してみよう。**図2-3**のグラフだ。

太　マネタリーベースが増えているけど、Ｍ３は全然変わってないね。銀行貸出残高なんか逆に減ってるし……。もうこれでわかるじゃん。マネタリーベース増やしても意味ないって。なんでまた繰り返したの？

モ　リフレ派はこれを見て「緩和が中途半端だったからダメだった」って判断したんだよ。

太　え……なんでそーなるんだよ……。

モ　リフレ派の理屈は、日銀がとんでもなくマネタリーベースを増やすことで、みんなに「物価が上がる」という「インフレ予想」を起こさせることが前提だからね。

太　緩和の規模が小さいからインフレ予想が起きなかったと解釈して、今度は超異次元の規模で緩和してみたわけか……。でも結果は同じじゃん。

モ　結局ね、「お金を借りたい」っていう需要がなかったってことなんだよ。クルーグマンも、２０１５年10月20日、日本の異次元の金融緩和について自分のブログでこう言っている。

… the problem confronting monetary policy is harder than it seemed, because demand weakness looks like an essentially permanent condition.〈日本の〉金融政策が直面している問題は見た目よりも困難だ。なぜなら、需要の弱さは本質的に永続

的な状況のように見えるからだ）

太　要するに需要が弱いからうまくいかなかったって言っているわけね。しかも「需要の弱さは本質的に永続的な状況」とか言ってるから、今後も変わらないってことじゃん。これ、言い出しっぺがうまくいかないことを認めたってことだよね。日銀の金融緩和って、食欲が全然ない人の前に、思いっきり食べ物を積み上げるようなことだよね。そんなことしたって食べるわけないのに。

モ　そうだね。食べ物を増やしたからといって食欲が増すわけじゃない。日本は少子高齢化が進んで、人口が減少していく運命にある。人口は需要の源泉だ。だから、需要が減っていくのは少なくとも今の状況のままでは避けられないだろう。

人間の体に例えれば、日本はもう成長期を過ぎて、食欲が減退しているような状況と言っていいだろうね。よほど体質改善しない限りこれは変わらない。

太　ふ〜ん。ところで、「マイナス金利」っていうのも導入してるじゃん。あれって何？

モ　マイナス金利というのは、日銀当座預金の一部にマイナスの金利をつけるというものだ。民間銀行は法律によって、自分が受け入れている預金のうち一定の割合を日銀の当座預金に置いておくことが義務付けられている。これは預金の引き出しに備えさせるためのものだ。そして義務付けられる最低限度の金額を「法定準備預金額」という。

さらに、その法定準備預金額を超えて預けた分は「超過準備額」という。マイナス金利はこの超過準備額の一部にマイナス0・1%の金利をつけるということだ。預けたお金の全部にマイナス金利がつくわけじゃない。

太　なんだかややこしいね。要するにただ単に日銀にお金を預けておくだけだとお金が減るってことね。そうなるんだったら、引き出してどっかに貸す方がいいよね。

モ　そう。いわば罰金を科して無理やり貸し出しを促すようなものだ。でも、マネーストックの推移を見る限り、効果はなかったと言ってよいだろう。貸したくても資金需要が低いからしょうがない。

太　マネーストックが増えてないなら、物価も上がらなかったんじゃないの？

モ　いや。上がったんだ。凄い勢いで。この**図2-4**のグラフは、2015年を100とした消費者物価指数の推移を示すものだ。

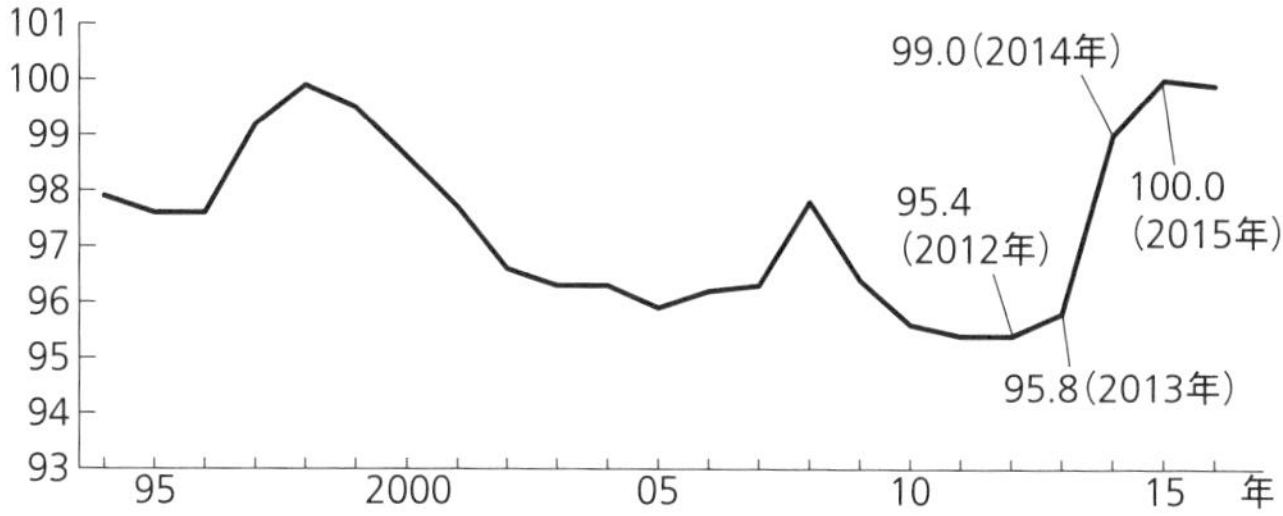

図2-4　消費者物価指数

2015 年＝100 とする指数。

資料：総務省統計局ホームページ「消費者物価指数（CPI）」　注：このグラフは「持家の帰属家賃」を除く消費者物価指数。「持家の帰属家賃」というのは、自分が住んでいる自分の持家の家賃。自分の持っている家に住んでいるなら家賃は発生しないが、消費者物価指数を出す場合は家賃が発生するものとして計算する。しかし、それは当然ながら実情を反映しない。そこで、その持家の帰属家賃を除いた指数が必要となる。この指数は後述する実質賃金指数を出す際に使用されている。

太　え？　２０１４年上がりすぎじゃない？　壁みたい。なんかテレビだと「物価が上がらない上がらない」って言ってる気がするんだけど。

モ　それはね、「増税の影響を除いて前年比２％」という数字を達成できていない、と言っているだけなんだ。増税によるものも含めると２０１４年は前年比で３・３％（指数でいうと３・２ポイント）も上がっている。

太　２０１４年は消費税増税があったから、こんだけ上がったのね。

モ　それは正確ではない。増税だけならこんなに上がらない。日銀の試算によれば、３％の増税による物価上昇効果は２％だ。

太　３％増税したら３％物価が上がるわけじゃな

いんだね。で、2014年は前年と比べると3・3％（指数でいうと3・2ポイント）上がっているから、残りの1・3％（指数では1・2ポイント）は増税以外の要因で上がったということか。

モ　そう。そしてアベノミクスが開始された2013年から、物価がピークを記録した2015年までの3年間で上がった物価は合計で4・8％（指数でいうと4・6ポイント）だ。

太　3年間で見ると、増税以外の要因で2・8％（指数でいうと2・6ポイント）上がったということか。増税よりそっちの方が大きいね。なんでだろう。

モ　為替相場の影響さ。**図2－5**のグラフを見てごらん。これは円とドルの為替レートの推移を示すグラフだ。これとさっきの消費者物価指数の2012年以降をフォーカスした**図2－6**のグラフで見比べてみよう。

太　為替の上がり方と同じような感じだね。円安が進み始めた2013年に物価が上がり始めて、一番円安が進んだ2015年が一番高くなってる。そして、円高になった2016年はちょっと落ちてる。

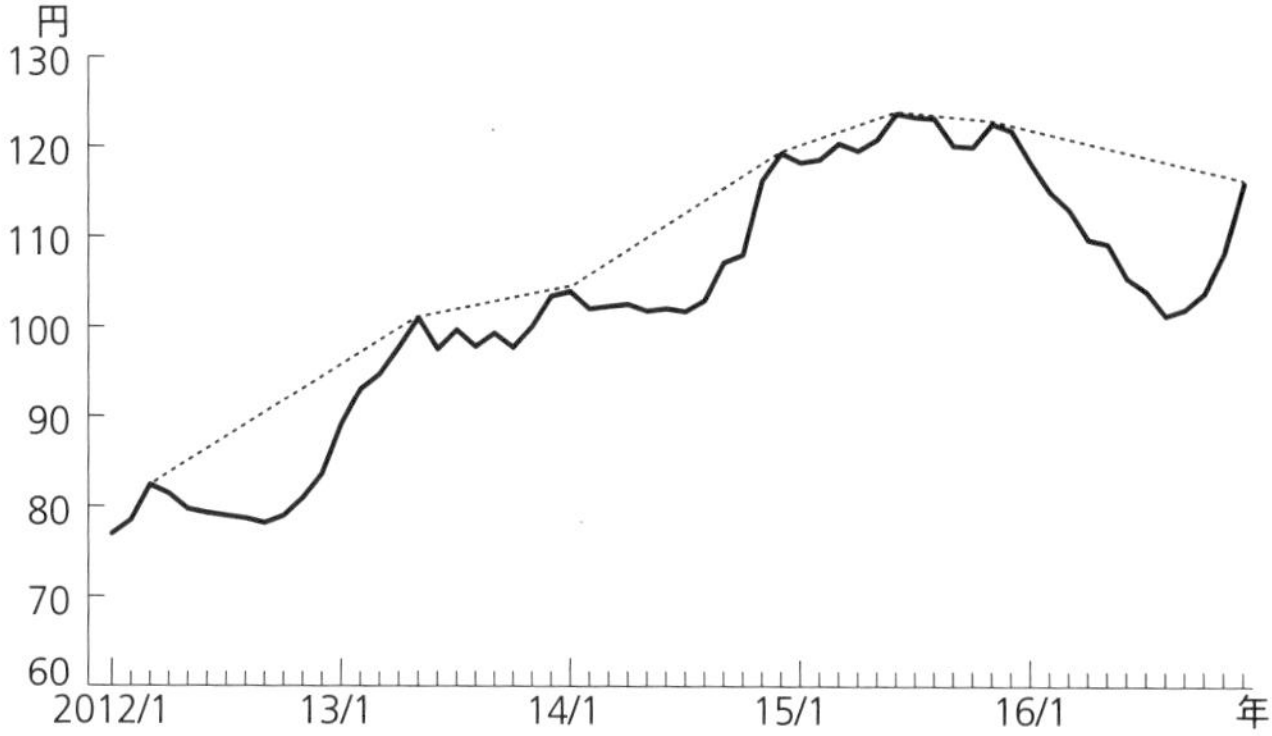

図2-5　東京市場「ドル・円 スポット」
17時時点/月中平均。
資料：日本銀行ホームページ「時系列統計データ検索サイト」

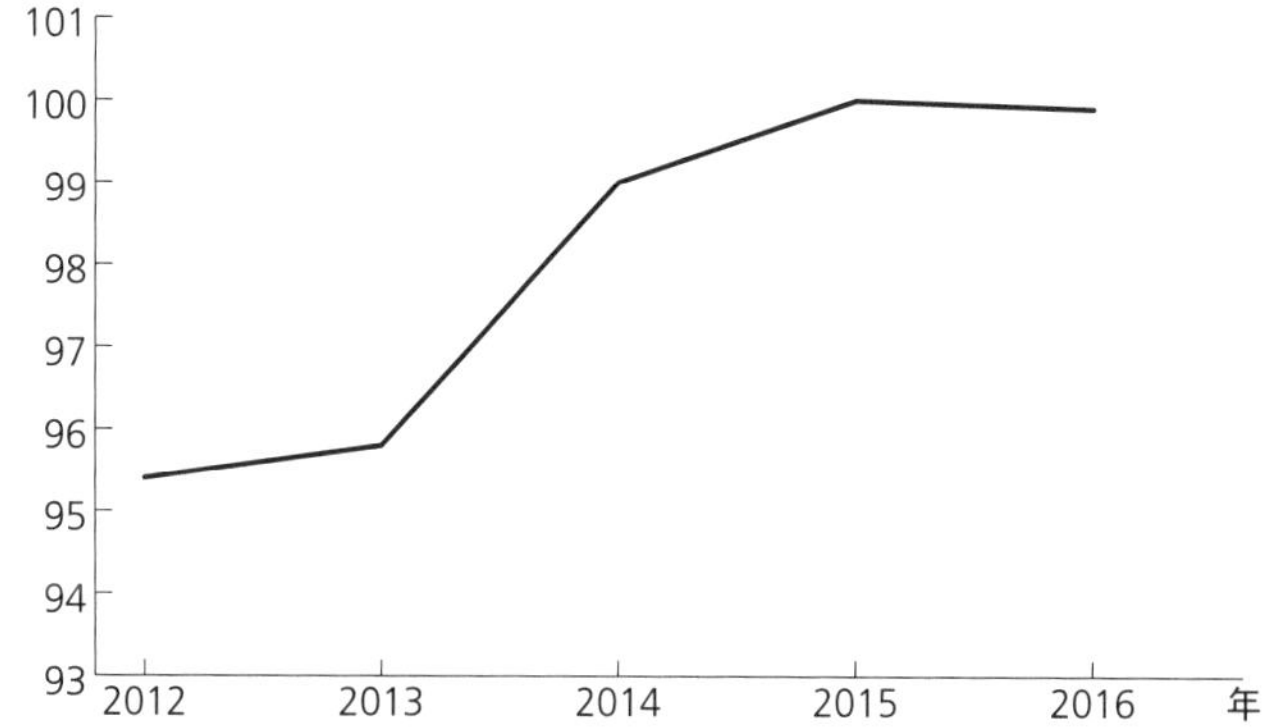

図2-6　消費者物価指数（拡大図）
2015年＝100とする指数。
資料：総務省統計局ホームページ「消費者物価指数（CPI）」

「毎年2％ずつ物価上昇」は不可能

太　ところで、なんで「円安」っていうの？　金額だけ見たら高くなってるように見えるんだけど。

モ　例えば1ドルが１００円だとしよう。君が１０００円持ってたら、10ドルと交換できることになる。でも、1ドル２００円になったらどうだい？

太　5ドルとしか交換できないね。半分になっちゃった。

モ　そう。ドルとの関係で円が半分の価値まで下がってしまったということだ。これで、見た目の数字が大きくなると円が安くなるといわれる理由がわかるかな？

太　うん。なんとなくわかった。で、円が安くなると物価はどうなるの？

モ　輸入する物の価格が上がる。例えば、1ドル１００円の時に、1万ドルのものを輸入するとしよう。この場合、１００万円を1万ドルと交換して支払えばよい。ところが、1ドル２００円になったらどうなる？

太　倍の２００万円用意しなきゃいけないね。そうか。円が安くなればなるほど、外国の通貨で支払いをする時に用意しなきゃいけない円が増えるのか。で、輸入したものを加工するなりして国内で売る場合には、当然、原材料費が上がった分を価格に反映しないと儲けが出ない。そりゃあ物価が上がるよね。なんで円安になったの？

モ　投資家が、「異次元の金融緩和によって円が安くなる」と予想して円を売ったからだ。日銀がこれだけマネタリーベースを増やせば、少なくとも民間銀行の日銀当座預金には円があふれかえる。円がたくさんあるということは、それだけ円の価値が下がるとみんな思ったんだろう。そして、安くなる通貨をずっと持っていても損するからと、みんな円を売って、ドルなどに替えたんだよ。

太　投資家が反応しただけなんだね。

モ　そう。結局、異次元の金融緩和が動かしたのは投資家だけだったということだ。しかし、投資家頼みで物価を上げ続けるのは適切ではないだろう。なぜなら、為替相場なんていうのは、日本だけではなくて、世界の事情に左右されるからだ。例えば、２０１６年にイギリスのＥＵ離脱が決定して、円が高くなっただろ？　あれは、ＥＵの先行きが不透明になったから、とりあえずポンドやユーロを売って、円が買われたからだ。

太　なんで円が買われるの？

モ　なぜか円が安全と思われているからさ。そして、最近円安になったのは、トランプ大統領が誕生して、アメリカ経済に期待をする投資家が増えて、円を売ってドルを買う動きが出たからさ。アメリカ経済の調子が良くなれば、ドルの価値も高くなっていくからね。このトランプ効果がなければ、円高のまんまで、もっと物価が下がっていただろうね。

太　ふ〜ん。なんだかよくわからないけど、日本の事情だけで為替をコントロールできるものではないということはわかった。

モ　そう。そんな不安定なもので、前年比2％ずつ安定的に物価を上げていくことなんてできないでしょ。現にできてないし。2016年なんて前の年より下がってるからね。さらに、さっきも言ったとおり、為替効果で上がった物価は3年間かけてやっと2・8％だ。1ドル80円台からピークで120円台まで安くなってもその程度だからね。円安頼みで日銀の目標である「毎年2％ずつ物価上昇」を達成するなんて不可能と言っていいだろう。

太　マネーストックが大して増えてないのに、物価だけ上がったら、大変なことになるんじゃないの。みんなが持っているお金が大して増えていないのに物価だけ上がったことになるじゃん。

モ　そのとおりだよ。次章では消費を見てみよう。太郎の言うとおり、大変なことが起きたんだ。

第2章まとめ

①異次元の金融緩和でもマネーストックが増えるペースは変わらなかった。

②暦年データで見ると、物価は3年間で4・8%上がったが、うち2%は増税、残る2・8%は円安によるもの。円安だけで年2%ずつ物価を上げていくことは不可能。

第3章

国内実質消費は
戦後最悪の下落率を記録

©『ブラックジャックによろしく』佐藤秀峰

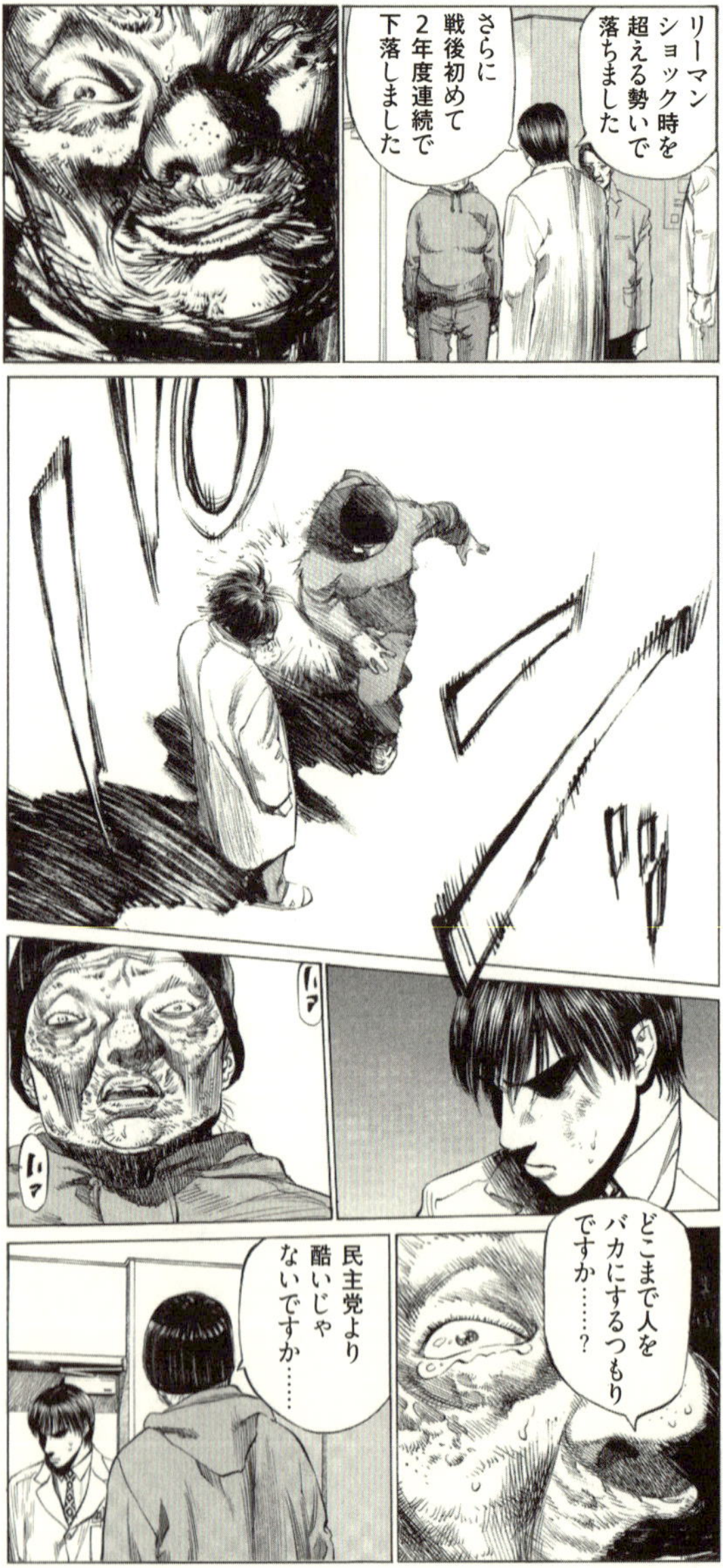
リーマンショック時を超える勢いで落ちました
さらに戦後初めて2年度連続で下落しました
ハァ
ハァ
どこまで人をバカにするつもりですか……?
民主党より酷いじゃないですか……

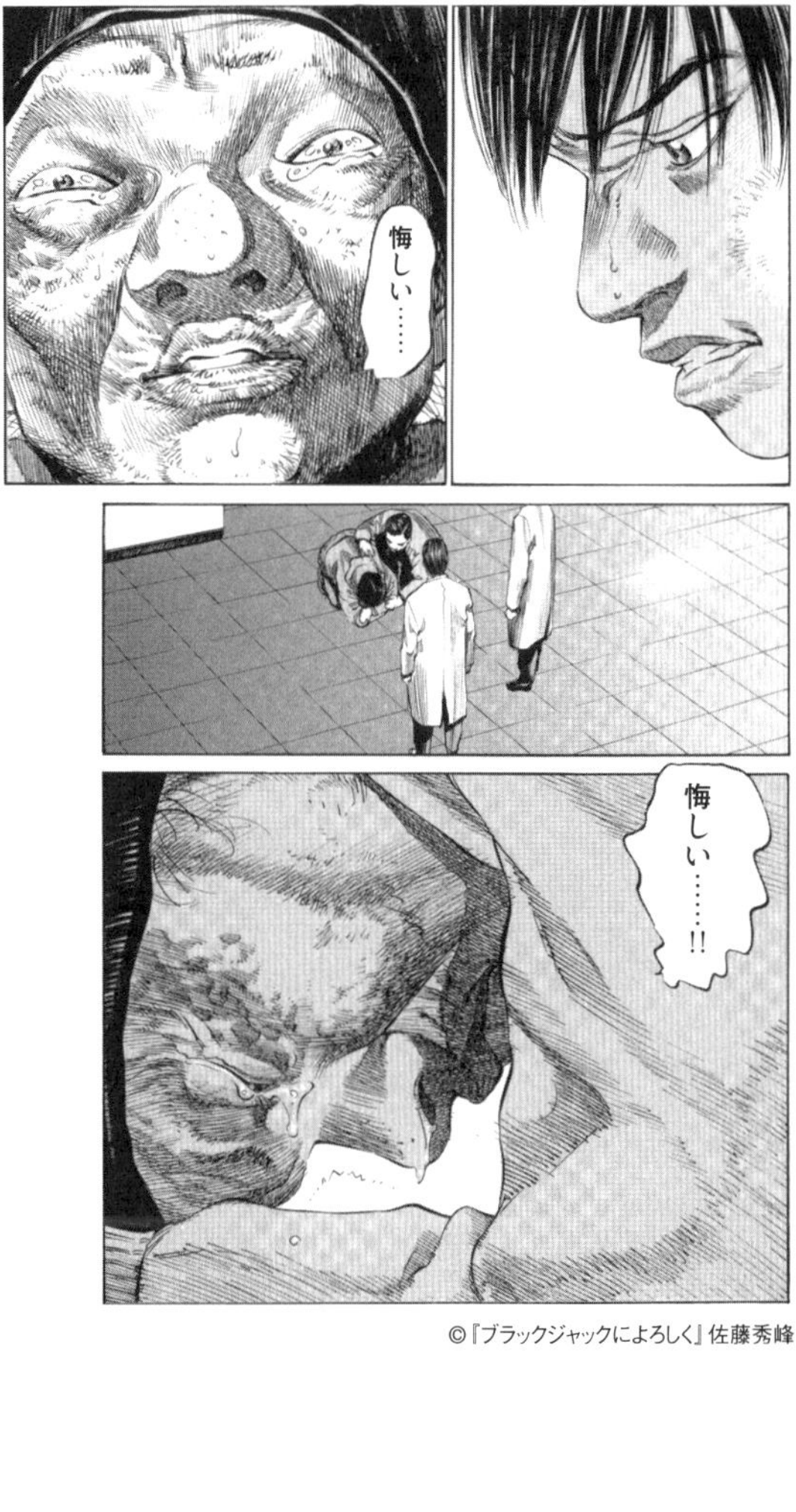
悔しい……
悔しい……!!

アベノミクスは民主党政権時代の3分の1程度しか実質GDPを伸ばせていない

モ　さて、まずはGDPについて改めて説明しよう。GDPとはグロス・ドメスティック・プロダクトの略称で、日本語では「国内総生産」と訳される。すごくざっくり言うと、この数字は日本国内で儲かったお金を全部合計したものだ。太郎、君が何か物を作るとする。原材料を100円で仕入れて、君がそれを加工し、150円で売ったとしよう。君はいくら儲かる？

太　原材料の購入に100円かかってるから、150円から100円引いて、50円儲かったことになるんじゃないの？

モ　そうだ。国内総生産というのは、ざっくり言って、そういう「儲け」の部分を全部足したものと覚えておけばよい。国内総生産は、経済規模を測るものとして最も重視される。なお「国内」だから、例えば外国人が日本に来て使ったお金も含まれるんだよ。

次に、実質値と名目値の違いについて説明しよう。実質値は物価上昇分を取り除いた数字、名目値は物価上昇分を取り除かないそのままの数字だ。太郎、例えば君が100円の品物を10個売ったとする。売上げは1000円だ。で、翌年いきなり世の中の物価が10

倍になったとしよう。君は世の中の動きに合わせて品物の値段を10倍にして1000円にした。しかし、その年は1個しか売れなかった。さて、君の売上げはどうなる？

太　1個しか売れなかったんだから1000円に決まってるじゃん。

モ　そうだね。そして、売上げだけを見ると、物価が上がる前と同じ1000円だよね。じゃあ、君の商売の調子は前の年と同じと言えるかな。

太　言えないでしょ。前の年に10個売れた物が、1個しか売れなかったんだから。それじゃあやってけないよ。世の中の物価が10倍になれば、原材料費も10倍になるし、僕の生活費も10倍になっちゃうもん。

モ　そうだよね。数字だけ見ると物価上昇の前後の売上げは同じ1000円だ。このように、物価上昇を考慮しない、見たまんまの数字を名目値という。他方、物価上昇の影響を取り除いた値を実質値という。さっきの例で言うと、物価が10倍という影響を考えれば、君がその年に得た実質的な価値は、前の年に100円の品物が1つ売れたのと同じだ。

太　経済の調子を見るには実質値が重要ということだね。

モ　そう。そして、実質GDP（支出側）の約6割を占めるのが、「民間最終消費支出」

というものだ。これはその名のとおり、国内の民間消費を合計したものだ。まずはこれを見てみよう。なお、実質GDPは2016年12月に、1994年度まで遡《さかのぼ》って数字が改定されている。これから見るのは改定前の数字だ。

太 え〜。なんで改定前の数字見るの？ なんかややこしいことでもあるの。最新の正確な数字を参照すべきなんじゃないの？

モ それは第4章で詳しく説明しよう。それはある意味でこの本のハイライトと呼べる部分だ。それから、ここでは年度（4月〜翌年3月）で区切ったデータで検証することにする。理由は以下の2つだ。

●GDP改定前後の比較表が内閣府によって「年度」データで公表されている。したがって、年度データで検証する方が改定前後の変化がわかる。
●増税は年度の替わり目に行われるので、年度データの方が増税の影響を正確に捉えることができる。

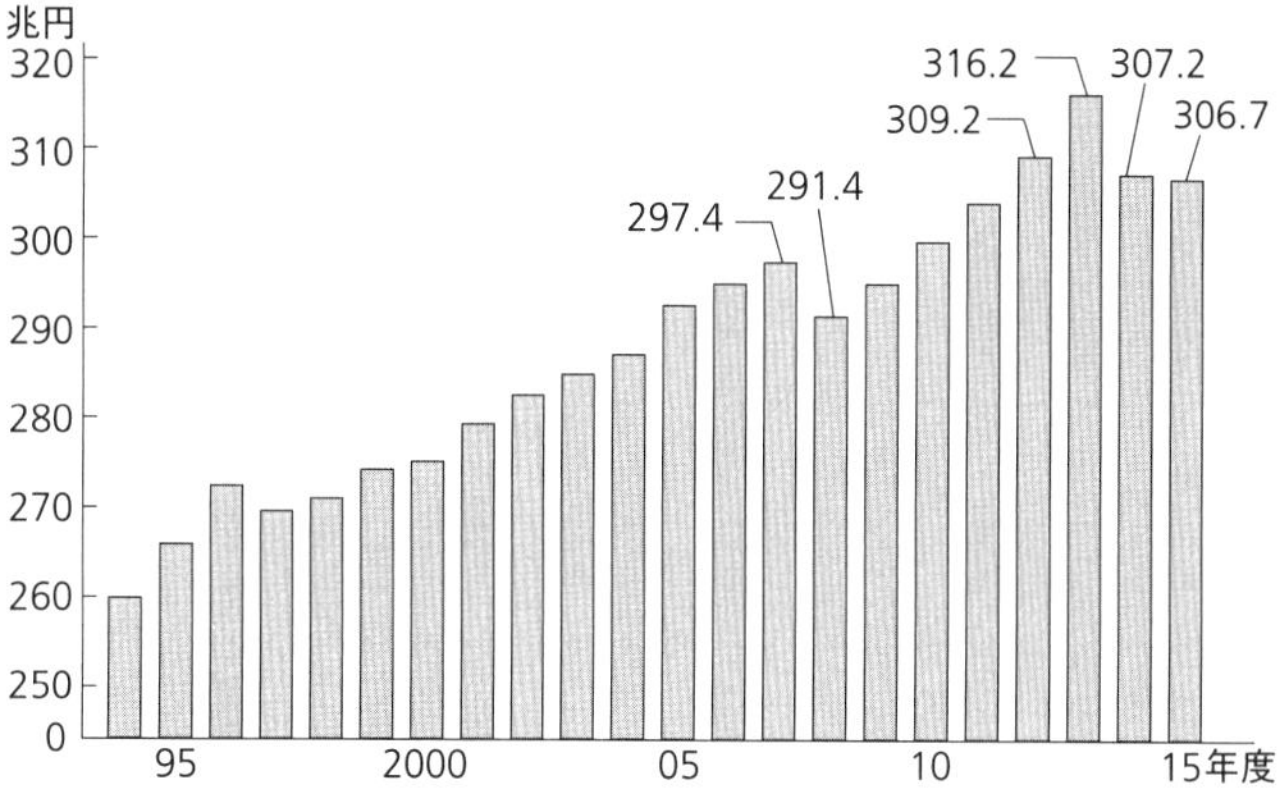

図3-1　実質民間最終消費支出
資料：内閣府ホームページ「国民経済計算（GDP統計）」

モ　それから、改定前のデータは２０１５年度までしか公表されてないので、検証の対象は２０１５年度までとしている。

太　前置き長いよ。早く実質の民間最終消費支出の推移を見ようよ。

モ　うん。**図３－１**のグラフが、実質民間最終消費支出の推移を示すものだ。

太　２０１３年度まで順調に伸び続けていたのが、２０１４年度で崖から落ちたみたいになってるね。２０１５年度も連続で下がってる。

モ　そう。２年度連続で下がったんだ。これは政府の公表しているデータで見る限り戦後初の現象。そもそも日本の実質消費は非常に力強くて、過去22年度で下がったこと自体がたったの４回しかない。ア

年度	前年度からの下落額（単位：兆円）	前年度からの下落率
1997年度	2.8	1.0%
2008年度	6.0	2.0%
2014年度	9.0	2.9%
2015年度	0.4	0.1%

図3-2　実質民間最終消費支出の下落額と下落率

資料：内閣府ホームページ「国民経済計算（GDP統計）」

ベノミクス以降だけでその4回のうち2回を占めていることになる。そして、落ち方も凄い。落ちた4回の下落率と下落額を一覧にしたのが**図3－2**の表だ。ちなみに、1997年度は消費税の増税（3%→5%）があった年度で、2008年度はリーマンショックがあった年度だ。

太　え！　2014年度の下落額と下落率って、あのリーマンショックの時よりも上じゃん！　約1・5倍も落ちてるよ！

モ　そうだ。歴史的な下落額と下落率だ。もっと驚くべきなのは、そんなに下がった2014年度よりもさらに2015年度は下がってしまったということだ。そして、2014年度も2015年度も、アベノミクス開始前の2012年度を下回っている。

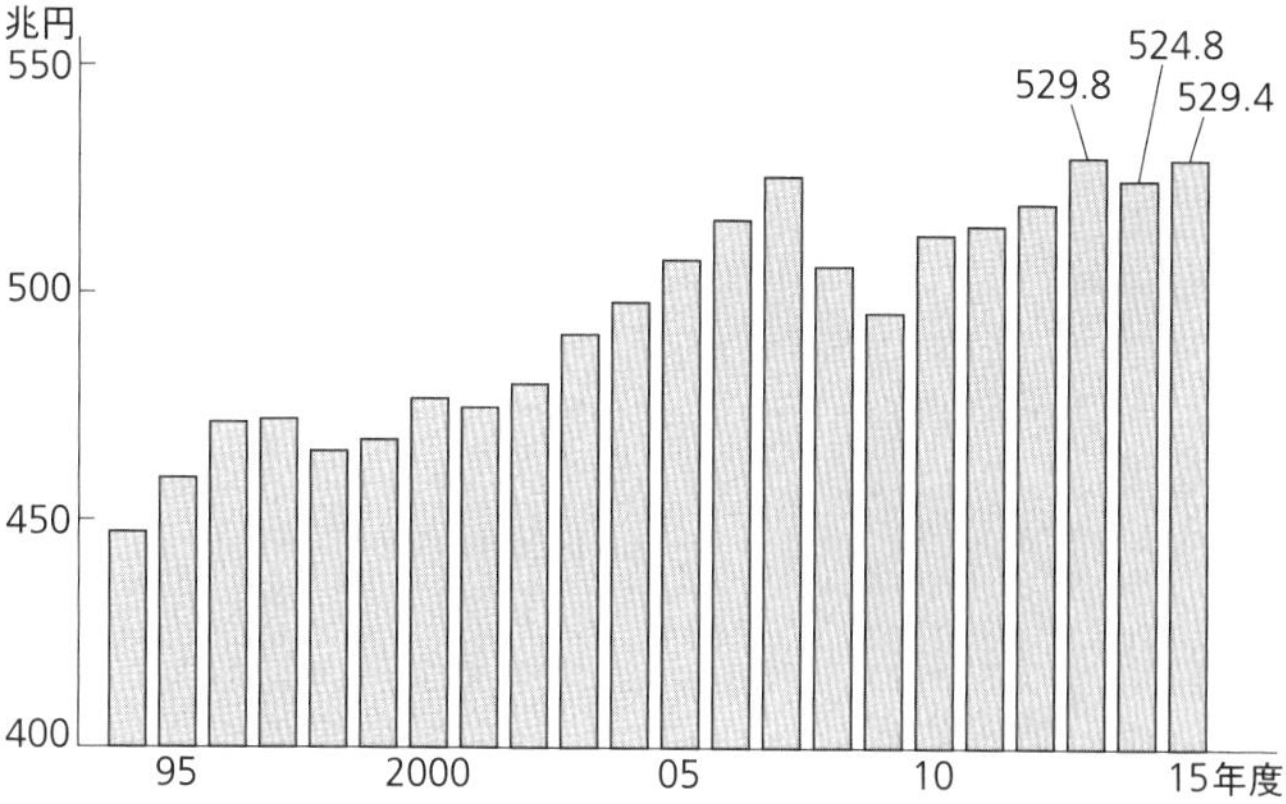

図3-3　年度実質GDP
資料：内閣府ホームページ「国民経済計算（GDP統計）」

太　開始前より下げちゃったの？　全然意味ないじゃん。国内消費だけで実質ＧＤＰの６割なんでしょ？　じゃあ実質ＧＤＰも伸びてないでしょ。

モ　そのとおり。では実質ＧＤＰの推移を示した**図3-3**のグラフを見てみよう。特徴的なのが、２０１５年度の実質ＧＤＰは、２０１３年度を下回ったということだ。このように「２年度前を下回る」という現象は、過去22年度で５回しか起きていない。

太　２０１３年度は、増税前の駆け込み需要で伸びたんだよね。画期的な経済政策のはずだったのに、駆け込み需要すら上回ることができなかったのか。全然経済成長できてないね。

モ　うん。３年もかけて、１年分の伸びを下回ってしまったことになる。実質民間最終消費支出の異常な落ち込みが影響していることは明らかだ。

ところで、年度（4月〜翌年3月）ではなく、暦年（1月〜12月）だと、3年で区切って民主党（現・民進党）政権時代との比較がきれいにできる。暦年データは**図3－4**のグラフのとおりだ。よりわかりやすいように、2009年以降を拡大してみよう。**図3－5**のグラフを見てわかるように、アベノミクスは3年間で比較すると、民主党政権時代の3分の1程度しか実質GDPを伸ばせていない。表にすると**図3－6**のとおりだ。

太　え？　嘘でしょ？　あの民主党にこんな大差で負けてるの？　消費が大きく冷え込んで実質GDPが伸びなかったからこんなことになってるのか。ところで、2009年に大きく落ち込んでるのってリーマンショックの影響だよね。だから、2010年は前年が大きく落ち込んだから反発しただけじゃないの？　民主党の功績じゃなくない？

モ　確かに、リーマンショックからの反発は大きい。だが、2011年を見てごらん。前年より下がっているだろう？

太　ほんとだ。あ、東日本大震災があった時か。

モ　そうだ。民主党政権時代はあの東日本大震災が起きて、経済にも大きなダメージがあ

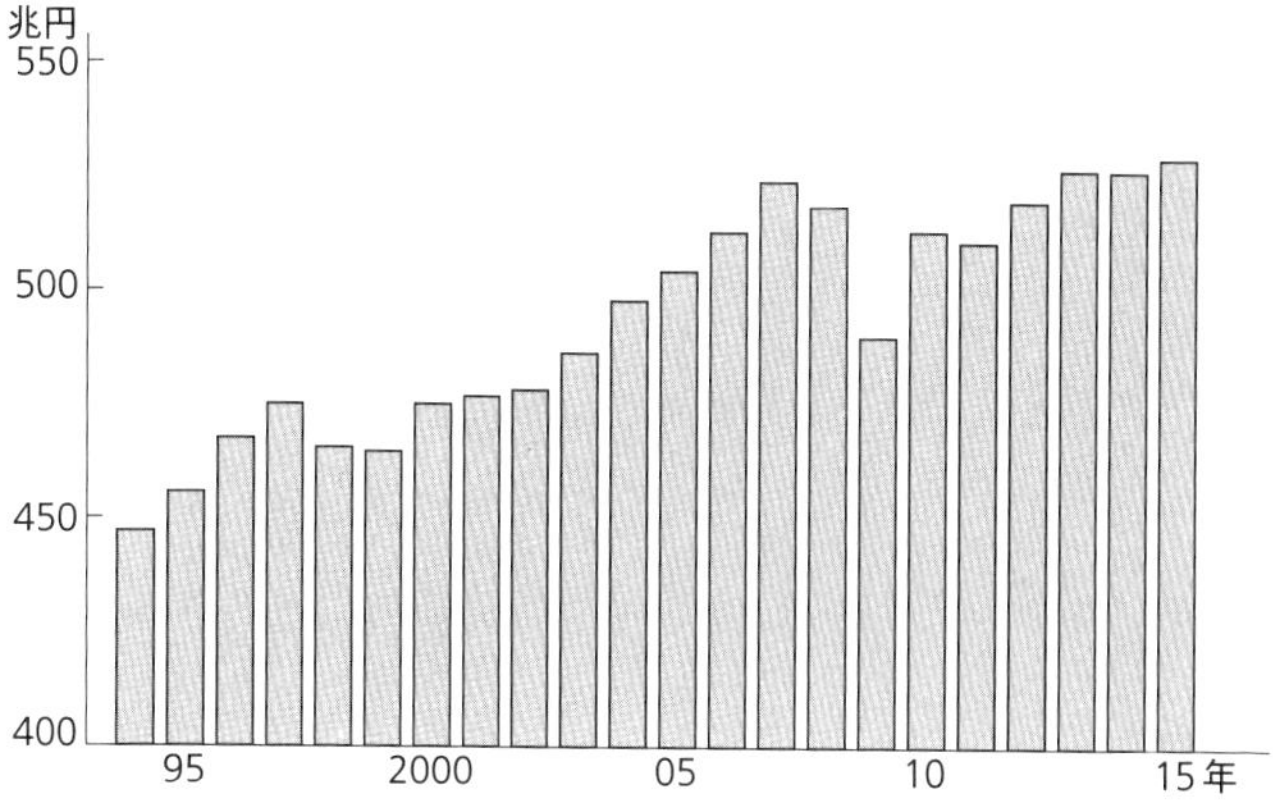

図3-4　暦年実質GDP

資料：内閣府ホームページ「国民経済計算（GDP統計）」

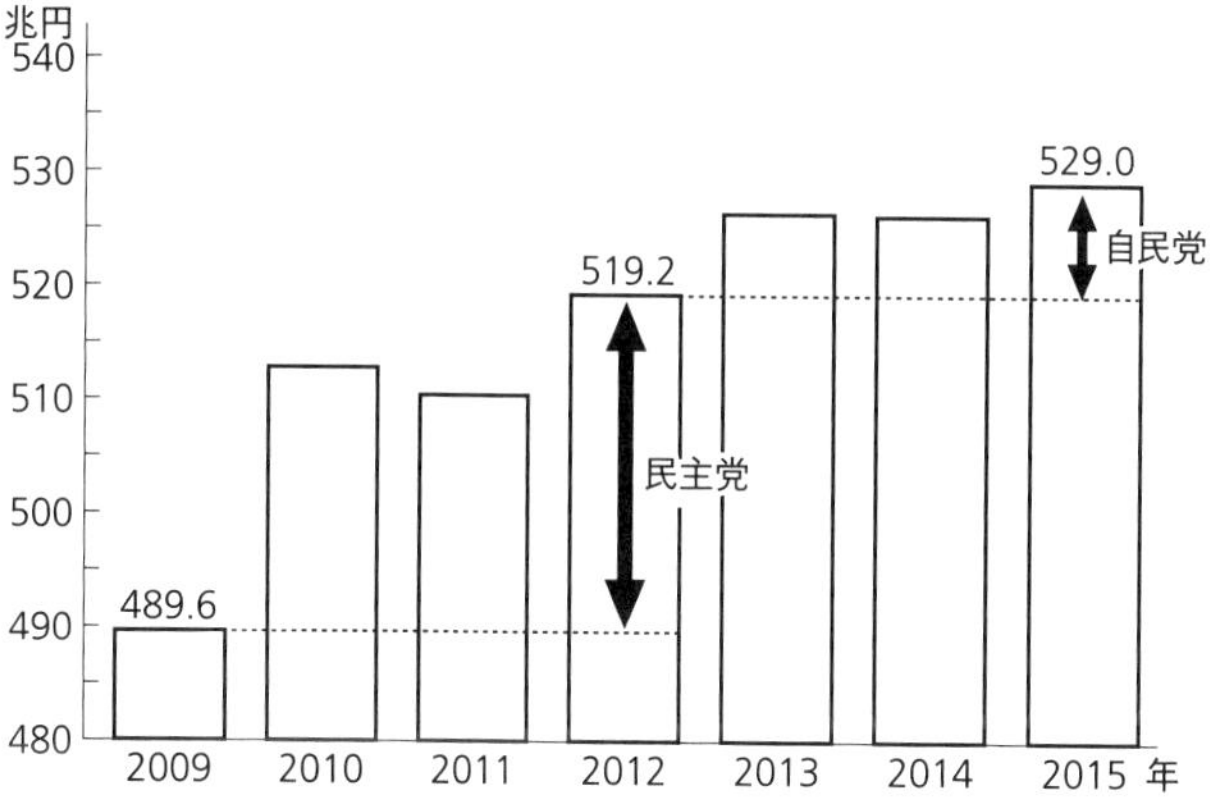

図3-5　暦年実質GDP（拡大図）

資料：内閣府ホームページ「国民経済計算（GDP統計）」

民主党	2010〜12年 成長率	6.1%
自民党	2013〜15年 成長率	1.9%

図3-6　暦年実質GDP成長率

資料：内閣府ホームページ「国民経済計算（GDP統計）」

った。前年より下がっているのは明らかに地震が影響している。もしも地震がなかったら、民主党と自民党の差はもっと開いていただろうね。まあ別に民主党が画期的な経済政策を実施していたわけじゃないけど。

太　いつも自民党は民主党のことバカにしてるのに圧倒的に負けてるじゃん。これじゃあ余計なことした自民党より特に何もしなかった民主党の方がマシになっちゃうね。なんで消費が異常に冷えたんだろう?

モ　実質賃金が下がったからさ。ここで、実質賃金というのは、ざっくり言えば物価を考慮した賃金ということだ。例えば、賃金が1割アップしたとしても、物価も1割アップしてしまえば、実質的に賃金は上がったことにならない。

太　逆に、賃金が1割下がっても、物価が2割下がれば実質的に賃金は上がったことになるんだね。

モ　そのとおり。そして、受け取った賃金そのものの額が名目賃金だ。では、実質賃金の推移を見てみよう。**図3-7**のグラフを見てごらん。これは厚生労働省が公表しているデータで、2010年度を100とした実質賃金指数の推移を示すものだ。

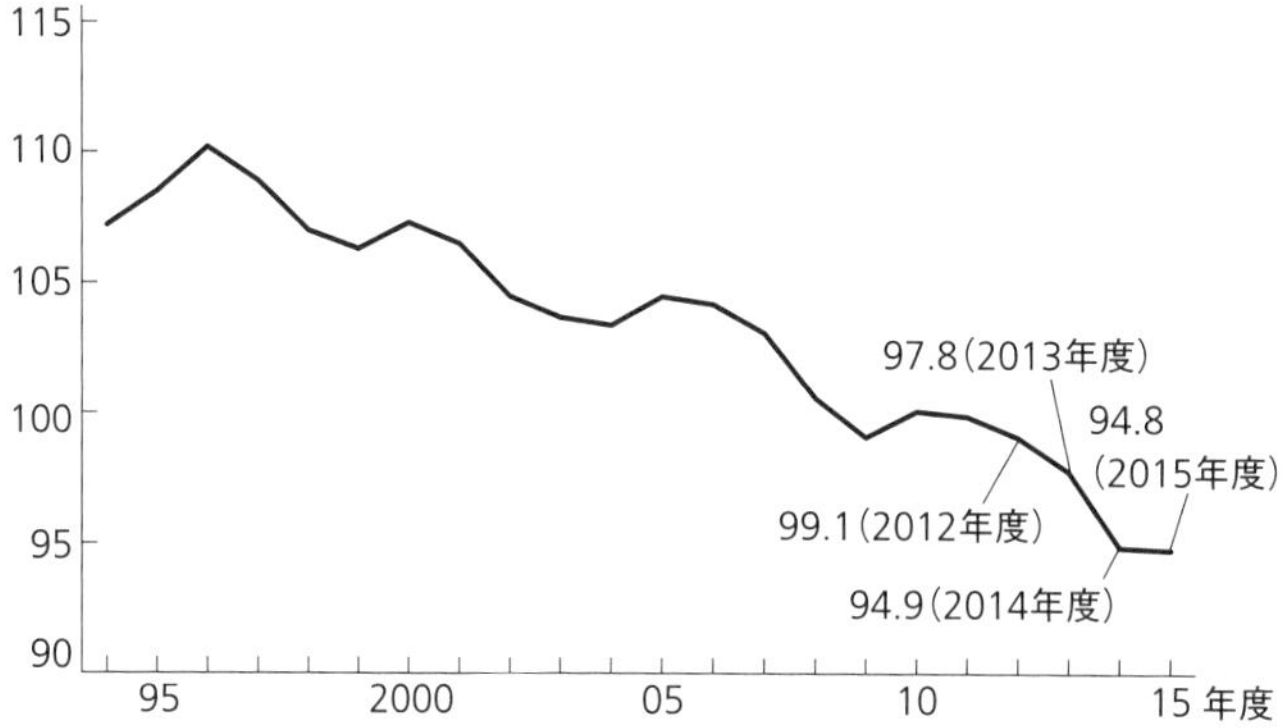

図3-7　実質賃金指数
2010年＝100とする指数。
資料：厚生労働省ホームページ「毎月勤労統計調査」

太　基本的に下落傾向だけど。特に２０１４年度の落ち方が凄いね。

モ　そうだ。２０１４年度は前年度から２・９ポイント落ちたが、これは過去22年度で最大の落ち幅だ。そして、アベノミクス開始以降の３年度を全部合計すると４・３ポイントも落ちている。このグラフを見る限り、２０１５年度は過去22年度で最低だ。

「実質賃金の下落は非正規雇用者が増えたから」の嘘

太　でもさあ、こんなに落ちたのって、非正規雇用が増えて、平均値が下がったからなんでしょ？誰かが言ってたよ。

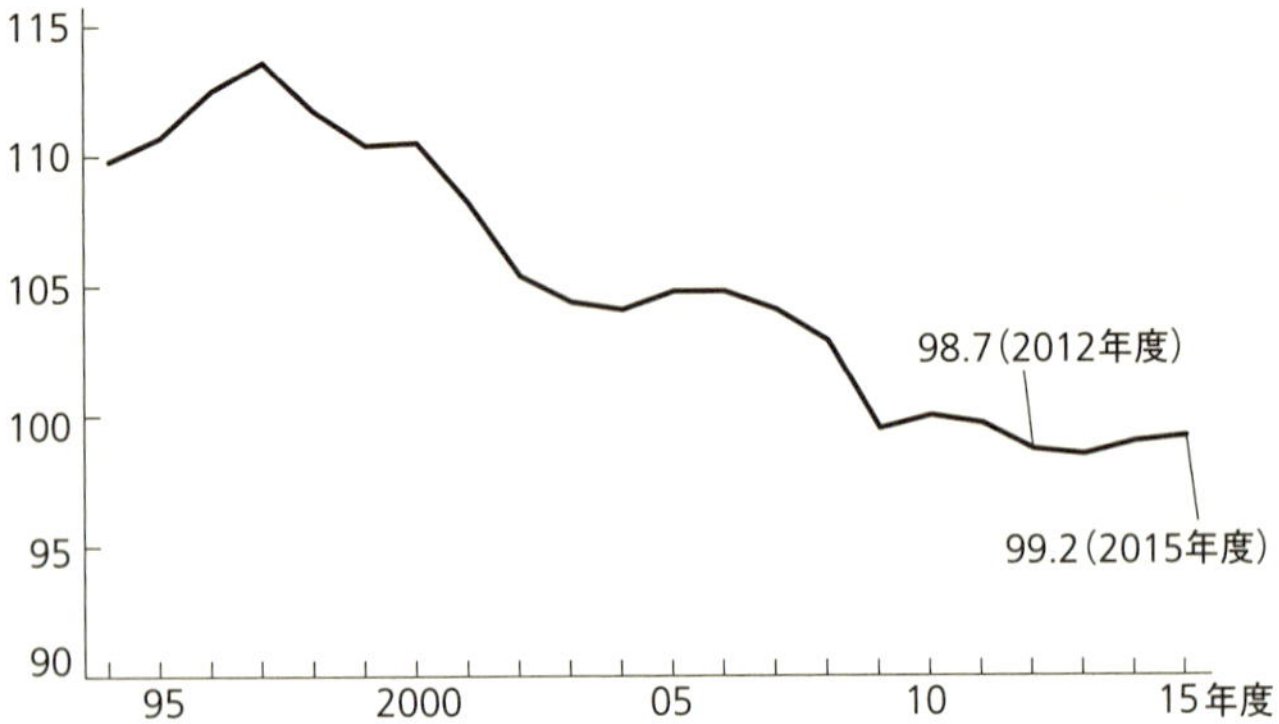

図3-8　名目賃金指数
2010年＝100とする指数。
資料：厚生労働省ホームページ「毎月勤労統計調査」

モ　それは嘘だ。物価を考慮しない名目賃金の推移を示した、**図3－8**のグラフを見てごらん。

太　あ、名目賃金は下がってないね。むしろ上がってるし。アベノミクス前（2012年度）と比べると2015年度は0・5ポイントだけ上がってる。

モ　非正規が増えているせいで平均値が下がるのなら、名目賃金指数も下がるはずだ。名目賃金指数だって平均値だからね。だいたいね、**図3－9**のグラフを見てごらん。パートタイム労働者などを除いた一般労働者だけを見ても実質賃金は下がっているんだよ。

太　ほんとだ。2014年度はアベノミクス前と比べると3・2ポイントも下がっているね。2015年度で0・2ポイントだけ回復している。い

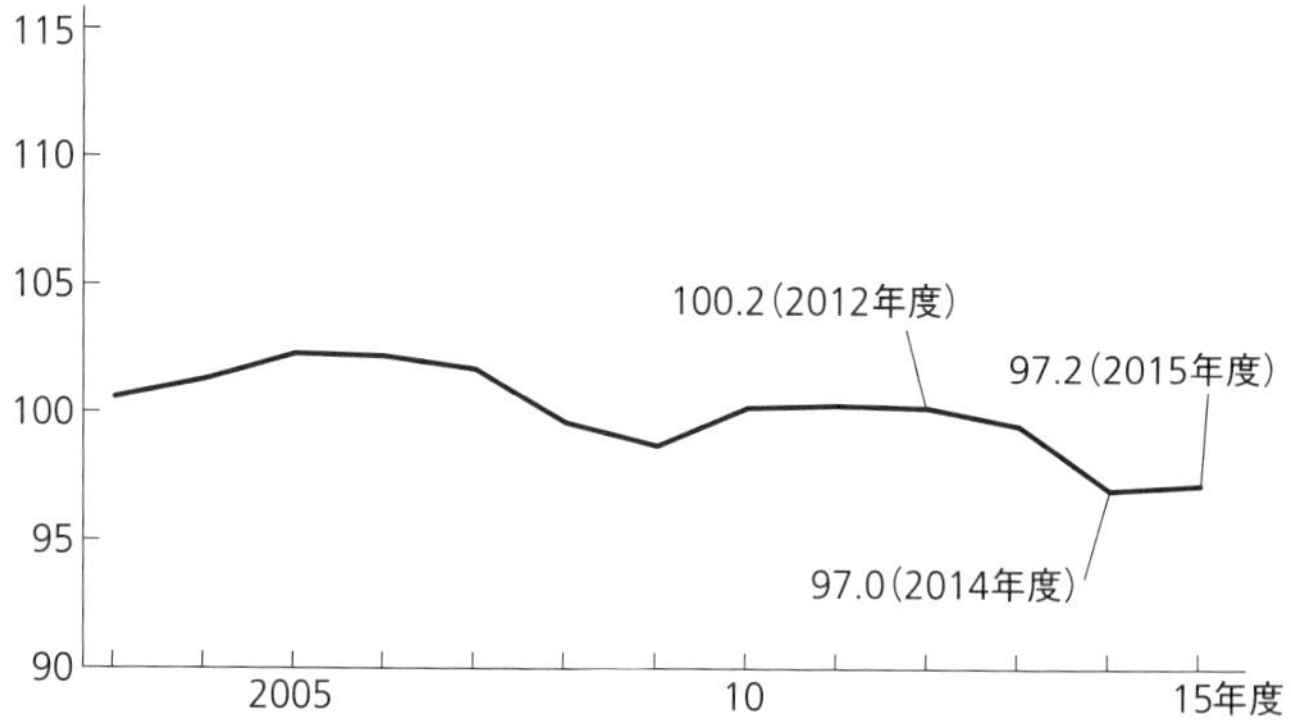

図3-9　一般労働者実質賃金指数

2010年＝100とする指数。

資料：厚生労働省ホームページ「毎月勤労統計調査」、総務省統計局ホームページ「消費者物価指数」

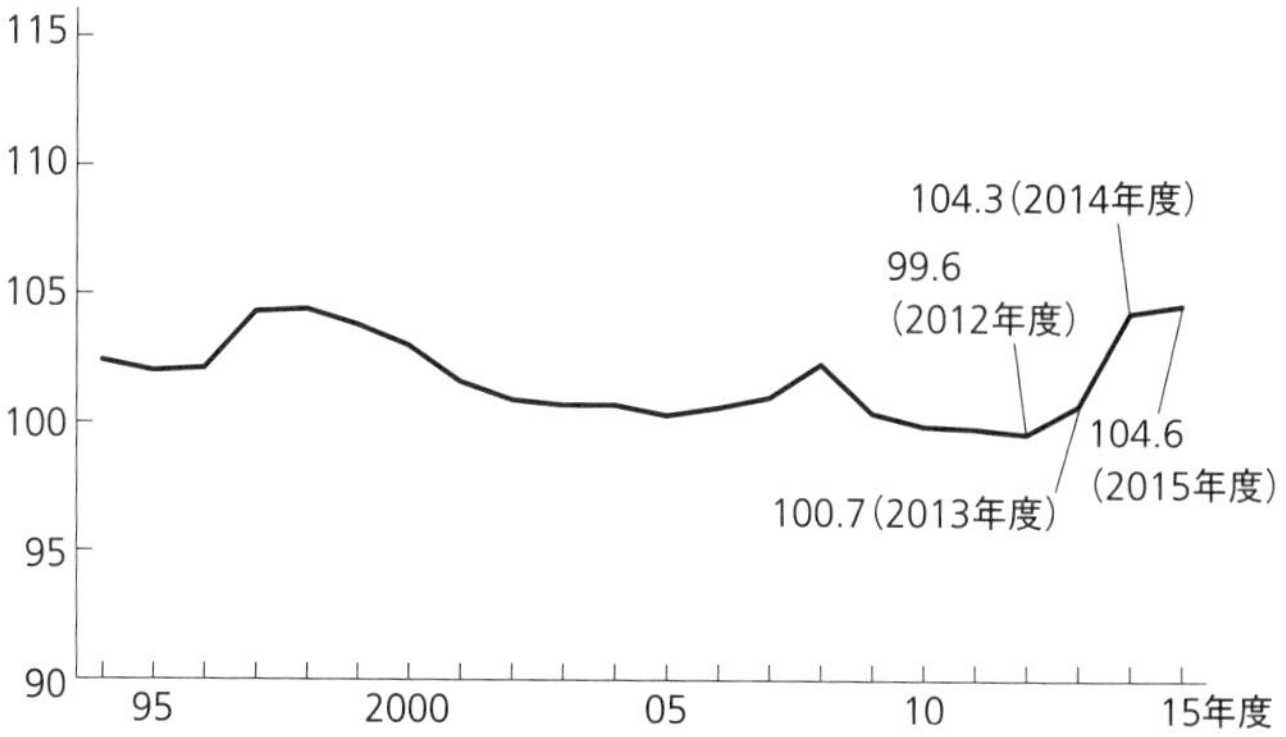

図3-10　消費者物価指数　持家の帰属家賃を除く総合

2010年＝100とする指数。

資料：総務省統計局ホームページ「消費者物価指数（CPI）」

ずれにせよ、リーマンショックの影響で一番落ちた時（2009年度）よりも下なんだね。一般労働者だけでもこれだけ落ちてるから、「非正規が増えたから落ちた」って嘘じゃん。なんでこんなことになったの？

モ　物価が上がったからさ。**図3－10**のグラフを見てごらん。これは賃金指数に合わせて、2010年を100とした消費者物価指数（年度）の推移を示したものだ（※第2章で見たグラフは2015年＝100の「暦年」グラフなので混同しないよう注意。なお、賃金指数は2010年＝100の数値しか公表されていない。したがって、賃金指数に合わせるために、2010年＝100の消費者物価指数を用いる必要がある）。

太　2014年度が超上がってるね。前年度より3・6％も上がっている。

モ　そう。そして、そのうち2％は増税の影響で、残る1・6％は円安の影響だ。そして、3年間で見ると5％上昇している。つまり、2013～15年度までの3年間で見ると円安の影響で3％上がったということだ。

太　3年間でいうと増税よりも円安の方が物価に与えた影響が大きいということね。さっきも言ってたね。

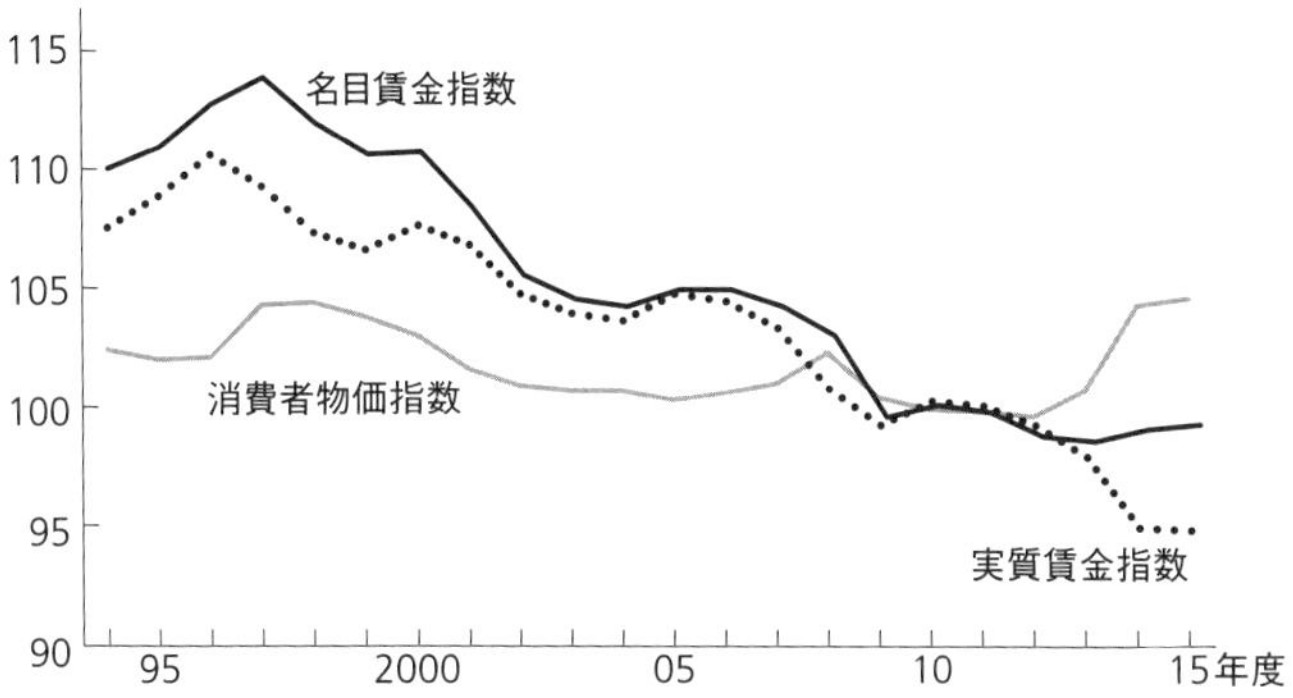

図3-11　名目賃金・実質賃金・消費者物価指数

2010年＝100とする指数。

資料：総務省統計局ホームページ「消費者物価指数（CPI）」、厚生労働省ホームページ「毎月勤労統計調査」

モ　うん。ここで、実質賃金指数の計算方法を確認しよう。次のとおりだ。

実質賃金指数＝（名目賃金指数÷消費者物価指数）×100

太　ふ〜ん。名目賃金がそのままだとすると、消費者物価指数が上がれば上がるほど実質賃金は下がるのね。

モ　そう。名目賃金、実質賃金、消費者物価指数を重ねた**図3‐11**のグラフを見てみよう。

太　うわ〜。物価の動きと正反対に実質賃金が墜落してるじゃん。まるで鏡に映したみたいだ。

モ　どれだけ不自然な動きか、３つ並べるとわか

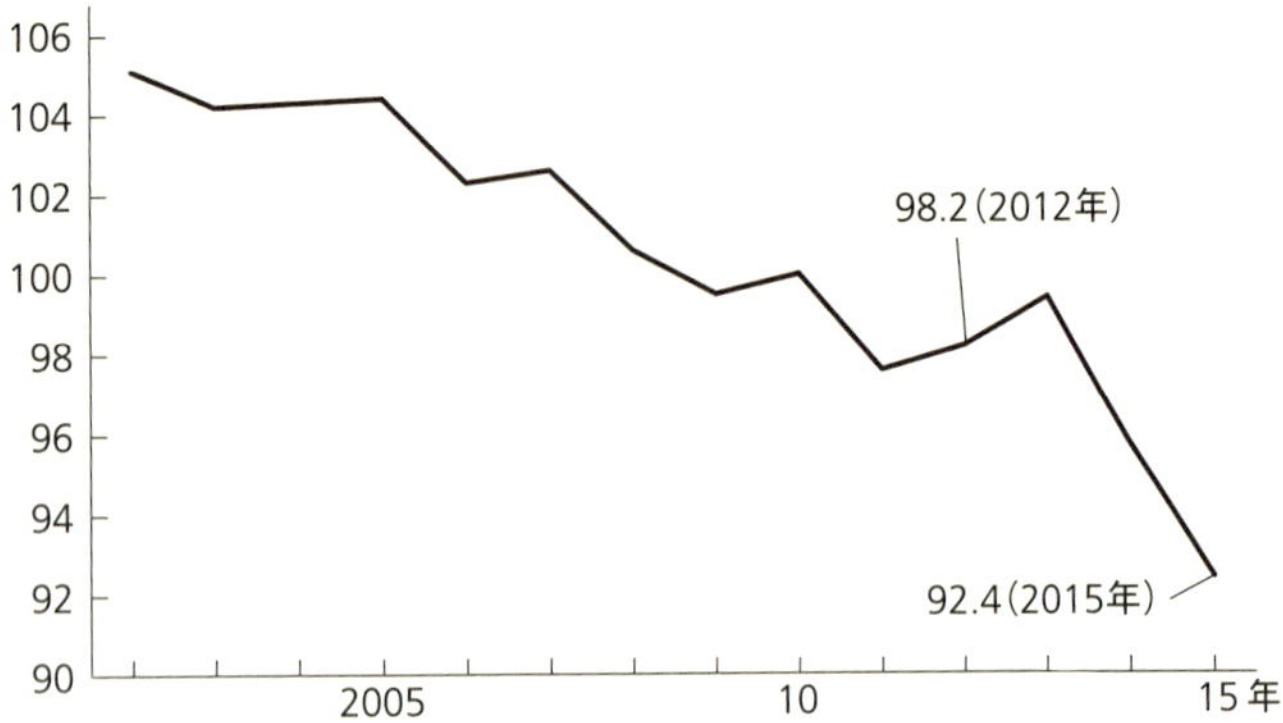

図3-12　家計消費支出指数（実質、総世帯）

2010年＝100とする指数。

資料：総務省統計局ホームページ「家計消費指数」

るだろう？　２０１２年度まで名目賃金と実質賃金はずっと同じような動きをしていて、基本的に下落傾向。物価も概ね下落傾向だ。ところが、アベノミクス開始以降、まるで誰かが上から引っ張りあげたかのように、不自然に物価が上がっているのがわかるだろう。特に２０１４年度は過去22年度で最大の上昇幅だ。そして、名目賃金の伸びはそれに全然追いついていない。だから、実質賃金が墜落したんだ。

太　実質民間最終消費支出（**図３－１**）は２年度連続で下がっていたけど、実質賃金の動きと同じだね。

モ　そう。この実質賃金の墜落が消費の冷え込みにつながったことは、家計消費支出指数を見ても

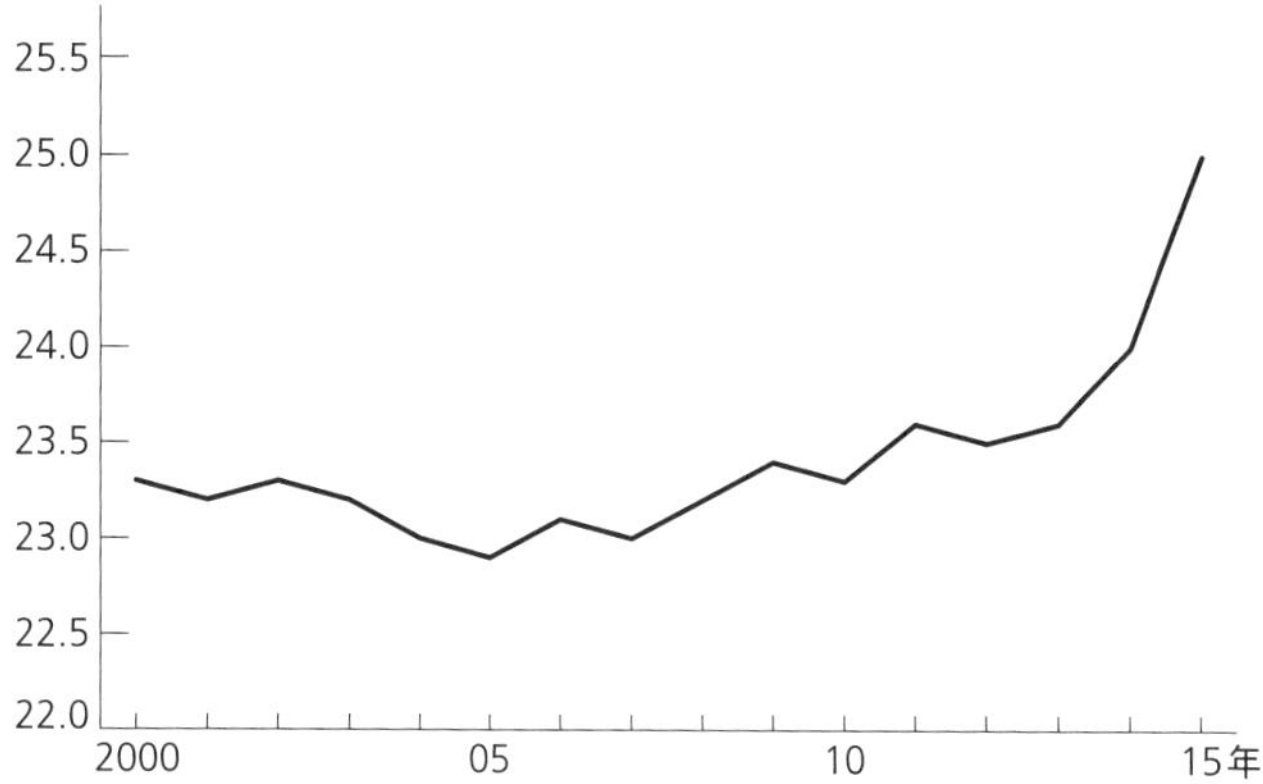

図3-13　エンゲル係数

資料：総務省統計局ホームページ「家計調査（家計収支編）」

わかる。**図3－12**のグラフを見てごらん。なお、家計消費支出指数は暦年データしか公表されていないので、これは暦年データだよ。

太　ジェットコースターみたいに落ちてるじゃん……2015年はアベノミクス前と比べると5・8ポイントも落ちてるよ。これが実質民間最終消費支出の歴史的下落につながったんだな。

日本はスタグフレーション状態だった

モ　次はエンゲル係数を見てみよう。エンゲル係数というのは、家計の消費支出に占める飲食費の割合のことだ。この数値が高くなればなるほど、「食べていくのがやっと」の状態になっていく。つまり、生活が苦しくなっていることを示す。これも暦年データしか公表されていないので暦年で見てみよう。図3-13のグラフだ。

太　超上がってんじゃん……。これ、賃金はほとんどそのままなのに物価だけ上がったからだよね？

モ　そうだ。そして当然生活は苦しくなる。エンゲル係数の急上昇はそれを示している。なお、コレを見て「外食が増えたせいだ」と主張する人も中にはいるが、アベノミクス開始後から急に外食が増えたというのは無理がありすぎるだろう。ところで太郎、消費税の増税ってみんな嫌がるよね。それはなんでかな。

太　物価が上がるからに決まってんじゃん。

モ　そうだね。物価が上がるからだね。じゃあ円安になると物価はどうなる。

太　物価は上がるよね。そう言われてみると、増税も円安も「物価が上がる」という効果はまったく同じだね。

モ　そのとおり。で、賃金がほとんど上がらないのに、増税と円安が一気に来たらどうなる？

太　そりゃあ消費が冷えるよね。自分のお金は増えないのに物価だけ上がったら物が買えなくなっちゃう。金融緩和と増税って、やってはいけない合わせ技を日本経済に食らわせたってこと？

モ　そのとおりだ。

太　増税しなかったらどうなってたのかな？

モ　ここまで消費が落ち込むことはなかっただろう。その代わり、２０１３年度の増税前の駆け込み需要による急激な消費の伸びもなかっただろうね。ただ、増税を除いたとしても、２０１３～15年度の物価上昇は３％（第２章の「暦年」データと混同しないよう注意。暦年だと３年間で２・８％上昇）で、名目賃金の伸びは０・５％だ。賃金の伸びが物価上昇に全然追いついていない。だから、増税がなかったとしても、少なくとも消費が伸びたとは考えにくいんじゃないかな。

太　増税って、まさにリフレ派のいう「物価が上がるとみんなが予想して、物価が上がる前に買おうとして消費が伸びる」っていう現象を起こしているよね。

モ　そう。増税は何年何月何日に何％上がるか事前にみんな知っているから、「完璧なインフレ予想」を引き起こす。だから、金融緩和ではなく、増税によってリフレ派のいう現象は起きた。リフレ派の中には増税に反対している人が多いから、これは皮肉な結果と言えるね。そして、その後は悲惨なことになった。

太　一時的に消費が伸びたとしても、それって後にくるはずの消費が前にきただけだよね。そうすると、必ず後で反動がくると思うんだけど。

モ　そのとおり。インフレ予想によって起こる消費の伸びは需要を先食いしているだけだ。後で必ず反動がくる。そして、反動がきた後の世界は物価が上昇しているから、余計に消費が冷える。このように、物価を無理やり上げて起きる消費の伸びは一時的なものに過ぎない。こんなものに頼って安定的な経済成長ができるわけがないんだ。リフレ派は長い目でものを見ることができていない。

太　金融緩和による円安はそこへさらなる物価上昇をぶつけた形になるのか。日本の消費は「反動減＋増税＋円安」のトリプルパンチを食らったわけだな。どうりで歴史的な下落を記録するわけだ。

モ　そうだね。円安で輸出企業は儲かるかもしれない。だけど、輸出とまったく関係ない国内企業は輸入価格は高騰するし、消費は冷えるしで苦しかったんじゃないかな。だから、賃金が伸びないのは当たり前だと思うよ。
太　まあ国内消費だけでGDPの約6割だもんね。そこが冷え込んだら、賃金上げる余裕なんてないよな〜。
モ　うん。ところで、リフレ派の理屈には極めておかしい前提がある。それは、「物価が上がれば賃金も勝手に上がる」と思い込んでいる点だ。リフレ派の中心的人物であるクルーグマンは、『プレジデント』2014年12月15日号で次のような発言をしている。

円安のマイナスの影響で物価はすでに上昇しているが、物価だけが上昇するのは当然好ましくない。賃金は年に3、4%上がり、物価は年に2%かそれ以上上がるのがいい。

日本では今急速な円安のマイナス面が表面化し、物価が上昇しているが、それに対して賃金上昇が追いついていないために、スタグフレーションに陥りつつある。

太　賃金が年に3〜4%なんて上がるわけないじゃん……何言ってんの。2013〜15年

逆は成り立たないことがこの3年間でわかった

「仮説」は原因と結果を取り違えている。
アベノミクスは今後もうまくいかない。

度の3年間で、0・5%しか上がらなかったのに。

モ　名目賃金について非常に甘い予想をしているのがわかるだろう。そして、この発言からわかるのは、クルーグマンだって賃金より物価の伸びが上回る事態は好ましくないと言っていることだ。それはつまり、実質賃金が下がってはいけないと考えているということだよ。

太　じゃあ日本のリフレ派の人たちが「実質賃金が下がるのは当たり前」とか言っているのは、少なくともクルーグマンの言っていることとは一致しないということだね。

モ　そのとおり。そして、クルーグマンの言うことに従えば、日本はスタグフレーション状態に陥っていたと言える。物価の伸びに賃金が全然追いついていないんだから。なお、スタグフレーションというのは、経済が停滞しているのに物価だけ上がってしまうという最悪の状態のことを指す。

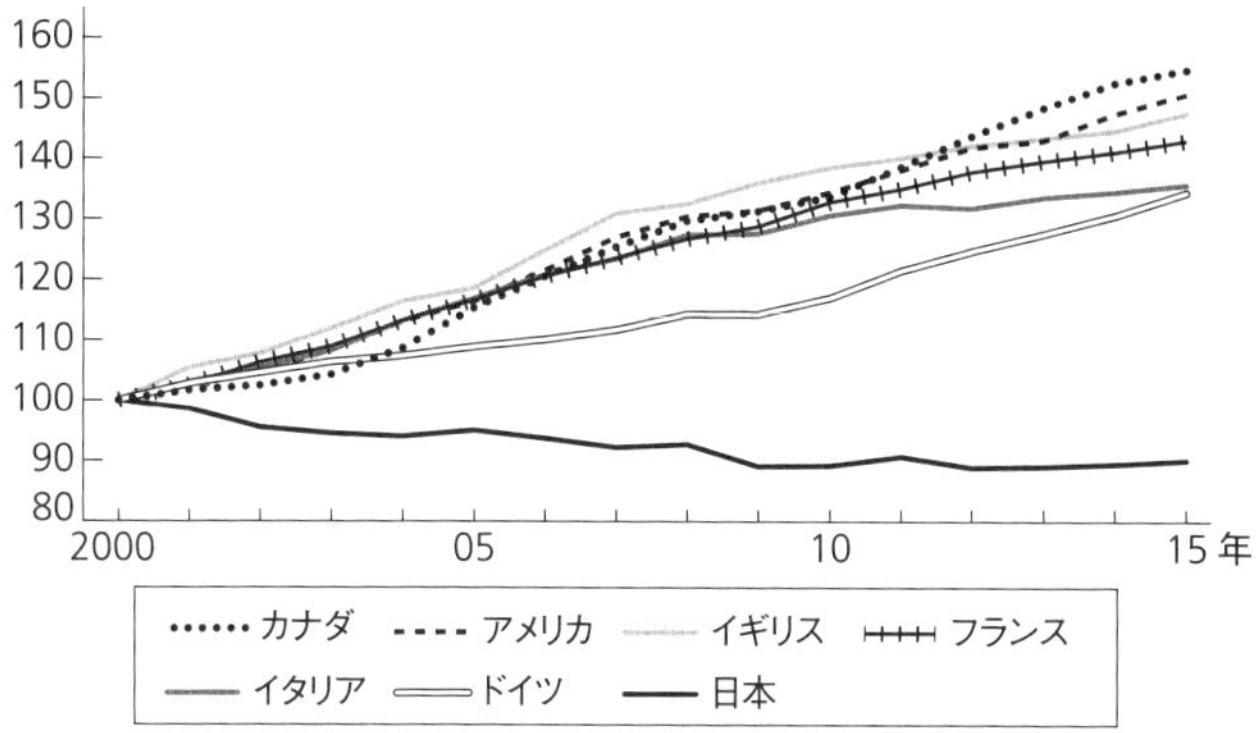

図3-14　G7名目賃金指数比較

2000年＝100とする指数。

資料：OECD「Average annual wages」

太　アベノミクス、超大失敗じゃん。前提としている理論が全然現実になっていない。

モ　うん。「景気が良くなれば物価が上がる」というのは成り立つ。しかし、その逆の「物価が上がれば景気が良くなる」は成り立たないということが、壮大な社会実験によって証明されたと言えるだろう。

太　結局、リフレ派の仮説は、原因と結果を取り違えたものだったということだね。

モ　うん。まあ先に物価を上げるんじゃなくて、賃金を上げないとダメなんだと思うけどね。**図3-14**のグラフを見てごらん。これはG7（先進7カ国）の名目賃金について、2000年を100として指数化したものだ。

太　日本だけ下がってんじゃん！　なんで？　日本だけ置いてけぼり状態だよ！

モ　なんでだろうね。まあいろいろな要因があるだろうね。デフレもこれが原因じゃないかな。賃金が下がっていったら、それに合わせて物価も下げないと物が売れないからね。

太　日本だけこんな状態って……何かが根本的に間違っているんじゃないのこの国。

モ　そうだね。それを真剣に考えないとダメだよね。少なくとも金融緩和がその解決方法にならないのは確かだ。物価が上がって喜んでいいのは、それ以上に賃金が上がった時だけ。そうじゃないと実質賃金が下がるだけだからね。いまだに前年比2％の物価上昇を日銀は目指しているけど、仮にそれが実現しても実質賃金の大きな低下を招いて消費を冷やす結果に終わるだろう。まあ、円安だけだと1年間で1％ぐらいのペースでしか物価上昇していないから、前年比2％の物価上昇なんてそもそも無理だけどね。

太　無理やり円安にしなければ一体どうなっていたんだろう。

モ　少なくとも消費は伸びていたんじゃないかな。原油価格の大きな下落もあったからね。原油価格の推移を示した**図3-15**のグラフを見てごらん。

太　2015年に超落ちてるじゃん。凄いね。

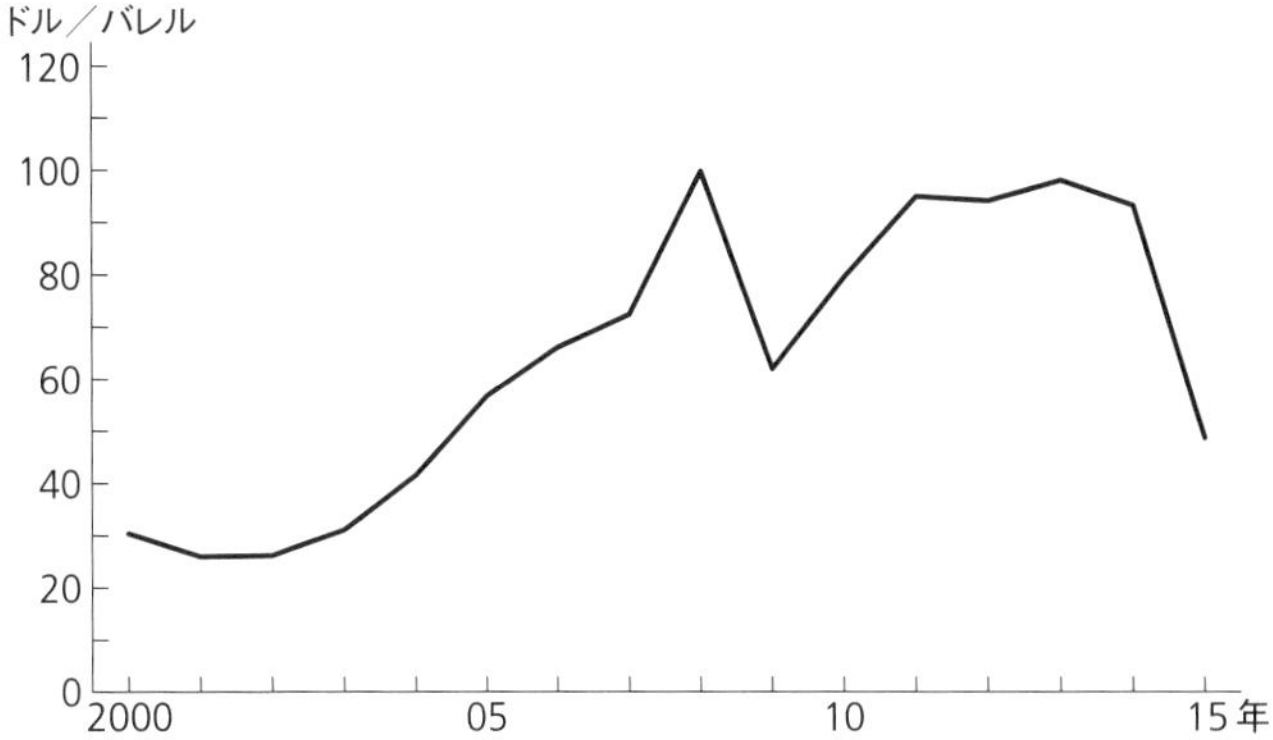

図3-15　原油価格の推移

資料：The U.S. Energy Information Administration (EIA)
「Cushing, OK WTI Spot Price FOB (Dollars per Barrel)」

モ　原油はいろいろな物の原材料にもなるし、輸送燃料としても使用される。したがって、原油価格が下がれば物価も下がる。物価が下がれば消費も伸びただろうね。２０１５年の物価上昇は原油価格の下落によってかなり抑えられたと言える。この下落がなければもっと物価が上がり、もっと消費が冷え込んでいただろう。

ところで、原油価格の下落は悪いニュースのように報道されているが、これはおかしいんだ。産油国にとっては儲けが減るかもしれないけど、輸入国にとってはコストカットできて楽になる。高度経済成長だって安い原油価格に支えられたんだからね。

太　ふ〜ん。そういえば話が変わるけど、アベノ

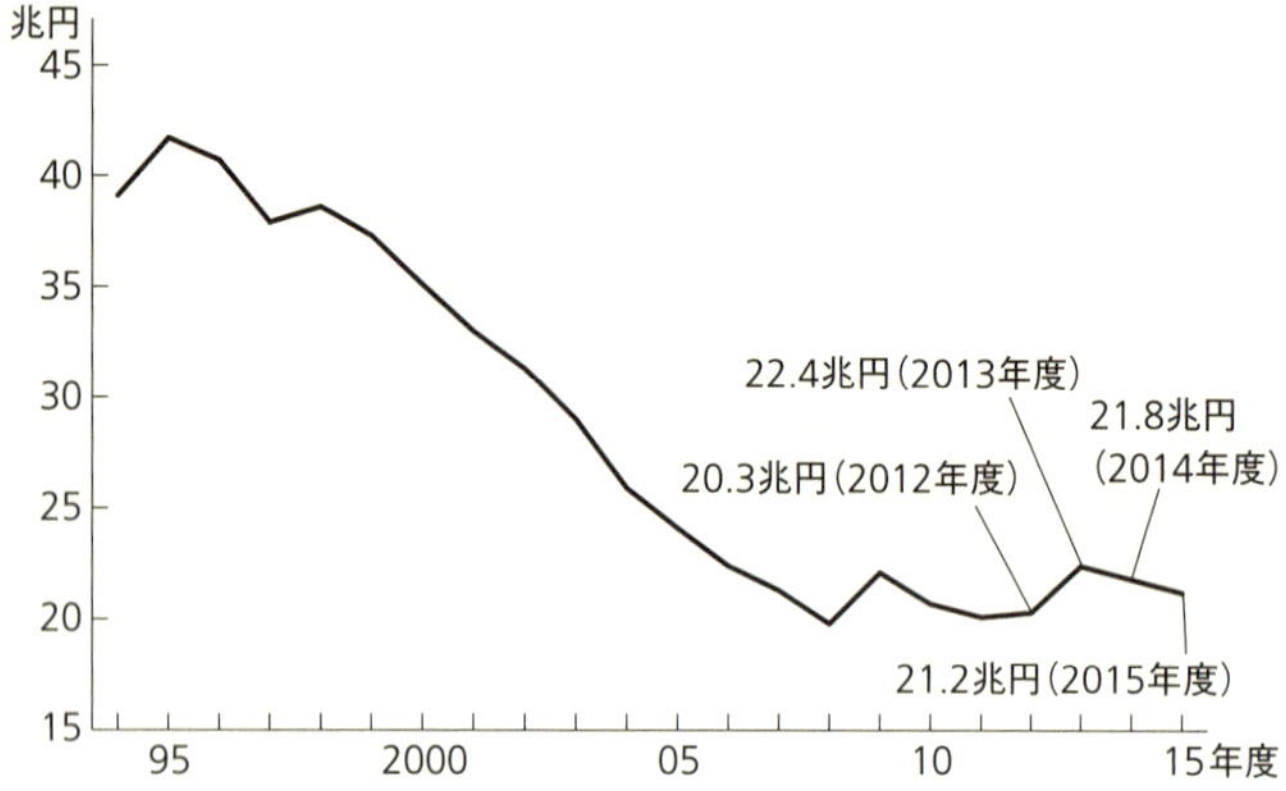

図3-16　実質公的固定資本形成

資料：内閣府ホームページ「国民経済計算（GDP統計）」

ミクス第2の矢で公共投資を増やしたんだよね。でもこんなに消費が冷えたということは、それもあんまり意味がなかったんじゃないの？

モ　うん。**図3-16**のグラフに示したように、確かに公的固定資本形成はアベノミクス前よりは増えているけど、少なくとも消費に対する波及効果はなかっただろうね。公共投資で給料が上がったとしても、それ以上に物価が上がってしまったら結局意味がない。

ちなみに、公的固定資本形成は、政府が造る道路・ダムといった社会資本整備、公団・公社が行う設備投資・住宅投資を指す。これが一般的には公共投資と呼ばれている。

太　無理やり物価上げたから、せっかくの公共投資の効果も減っちゃったってことね。第1の矢が第2の矢の足を引っ張ってるじゃん。

モ　そうかもしれないね。さて、消費と実質GDPについてまとめると次のとおりだ。

第3章まとめ

①2014年度の実質民間最終消費支出はリーマンショック時（2008年度）を超える下落率を記録した。

②戦後初の「2年度連続で実質民間最終消費支出が下がる」という現象が起きた。

③2015年度の実質民間最終消費支出は、アベノミクス開始前（2012年度）を下回った（消費がアベノミクス前より冷えた）。

④2015年度の実質GDPは2013年度を下回った（3年分の成長率が1年分の成長率を下回った）。

⑤暦年実質GDPにおいて、同じ3年間で比較した場合、アベノミクスは民主党政権時代の約3分の1しか実質GDPを伸ばすことができなかった。

太　まとめると悲惨さが際立つね。

モ　うん。この5つの現象をよ〜く覚えておくんだ。

太　でもさあ、悪いとこばっか強調してない？　雇用の改善とか株価の上昇とか輸出の増加とか、いろいろ成果があったって言われてるじゃない。

モ　その点については第5章で検証しよう。その前に、GDPの改定について次の第4章で検証する。太郎、みんなの気づかないところで、とんでもないことが起きているんだよ。さっき指摘した5つの現象をよ〜く覚えておいてね。大事なことだから2回言ってみたよ。

太　うん。

第4章

GDPかさ上げ疑惑

©『ブラックジャックによろしく』佐藤秀峰

アベノミクスの失敗を隠す「かさ上げ」とは何か

モ　２０１６年12月８日、内閣府はＧＤＰの算出方法を変更し、それに伴い、１９９４年以降のＧＤＰをすべて改定して公表した。内閣府による改定の概要は左ページの表のとおりだ。

太　なんかややこしいね。ざっくり説明して。

モ　うん。まず、①は実質ＧＤＰの基準年が平成17（２００５）年から、平成23（２０１１）年に変更されたことを示している。実質ＧＤＰというのは、すでに述べたように名目ＧＤＰから物価の変動による影響を取り除いたものだ。それは、「基準となる時点」からの物価変動の影響を取り除いた値であるため、基準とする年を定める必要がある。以前の基準年は平成17年だったが、それが平成23年に変更された。これに合わせて平成23年の産業連関表（一定期間〈通常1年間〉において、財・サービスが各産業部門間でどのように生産され、販売されたかについて、一覧表にとりまとめたもの）が取り込まれている。

太　新基準の実質ＧＤＰは、平成23年の名目ＧＤＰを基準として、そこから物価の影響を除いたものになるということだね。

平成23年基準改定の概略

①最新の「平成23年産業連関表」(平成27年6月に確報公表)を取り込み、デフレーター=100とする基準年を現行の平成17(2005)年から平成23(2011)年に変更

＊このほか約5年毎の詳細な基礎統計として「国勢統計」、「住宅・土地統計」等も反映。

②加えて、国際連合で加盟国合意の下採択された国民経済計算の最新の国際基準である「2008SNA」(研究・開発(R&D)の資本化等)に対応

＊統計法(平成19年法律第53号)第6条では、国民経済計算について、国際連合の定める国際基準に準拠するものと規定されている。

＊＊国際基準である「1993SNA」には、平成12(2000)年に実施された「平成7年基準改定」で対応

③また、各種の概念・定義の変更や推計手法の開発等も実施

- 国際比較可能性を踏まえた経済活動別分類の変更(サービス業の詳細化等)
- 供給・使用表(SUT)の枠組みを活用した新たな推計手法
- 建設部門の産出額の新たな推計手法　等

④ 平成6(1994)年に遡って20年超の系列を再推計・公表

＊通常の基準改定時には、一般的に過去10年程度を遡及

資料:平成28年12月22日付内閣府作成資料

モ　そう。次に②はＧＤＰの算出について準拠する国際基準が、「１９９３ＳＮＡ」から最新の「２００８ＳＮＡ」に変更されたことを示している。以前の基準との違いは、研究開発費などが加わることだ。これによって大きくＧＤＰがかさ上げされる。平成23（２０１１）年でいうと、だいたい20兆円ぐらいかさ上げされるんだ。

太　そんなにかさ上げされるんだ。じゃあ以前とは全然違う数字になるね。

モ　そう。だが、最も大事なのは③の「その他もろもろ」も変更になっているという点だ。概略の③をもう一度見てごらん。いろんな項目がずらずらと書かれた後に「等」とついているでしょ。つまり、数字のかさ上げは、２００８ＳＮＡ以外のものも加わる上に、「等」という表現でわかりにくくされているんだ。ここは一番大事なところだからよく覚えておいて。それから、最後に④の点だ。今回は、22年も過去に遡って数字が改定されたということだ。改定の要点をまとめると次のとおりだ。

①基準年を平成17（2005）年から平成23（2011）年に変更。
②算出基準を1993SNAから2008SNAに変更。

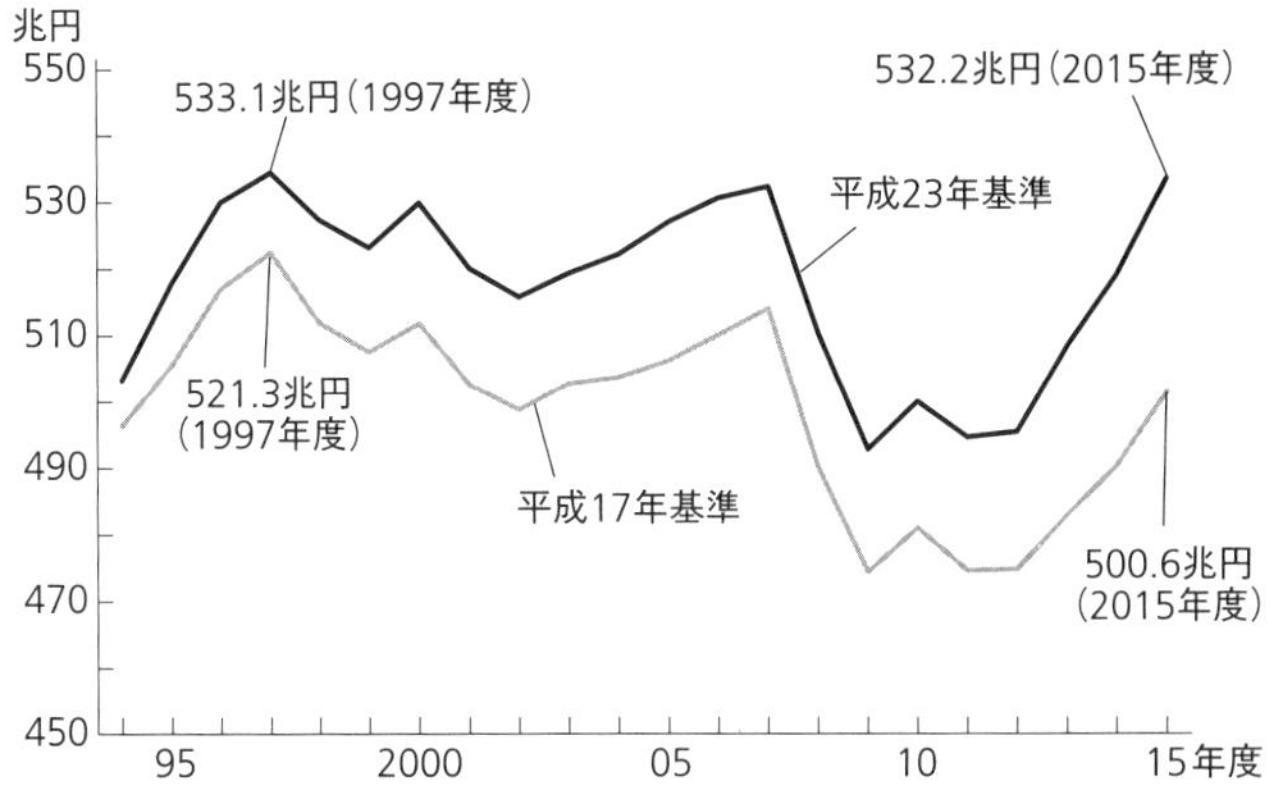

図4-1　名目GDP改定前後比較
資料：内閣府ホームページ「国民経済計算（GDP統計）」

③その他もろもろ変更（「等」でぼかされている点に注目）。
④1994年まで遡って全部改定。

モ　さて、ここからは改定前の数字を「平成17年基準」、改定後の数字を「平成23年基準」と呼ぶよ。まずは改定前後の名目GDPを比較してみよう。**図4-1**のグラフを見てごらん。なお、平成17年基準の数値は2015年度までしかないから、比較するのは2015年度までだ。

太　全体的に上に平行移動しただけじゃない？

モ　違うよ。よく見て。平成17年基準では、1997年度の521・3兆円が過去最大値だ。2015年度の500・6兆円と比較すると約20兆円もの差がある。
　ところが、平成23年基準では、１９９７年度がピークであることに変わりはないが、その額は５３３・１兆円。他方、２０１５年度の数字がなんと５３２・２兆円になっており、１９９７年度とほとんど同じ額になっているんだ。そして、このグラフには載っていないが、２０１６年度の名目ＧＤＰは史上最高の約５３７・５兆円を記録したんだ。

太　え〜。改定前は１９９７年度と２０１５年度で20兆円も差があったのに、改定によってその差が埋まってしまったのか。そして２０１６年度は史上最高を記録したんだね。なんだか怪しいな〜。

モ　そうだね。ここで各年度のかさ上げ額を示したのが**図４-２**のグラフだ。

太　何これ？　アベノミクスが始まった２０１３年度以降から異常にかさ上げ額が増えてるじゃん。２０１５年度なんて２０１２年度の１・５倍以上だよ。

モ　名目ＧＤＰのかさ上げ率も見てみよう。**図４-３**のグラフだ。

太　率で見てもアベノミクス以降がずば抜けているね。アベノミクス以降だけかさ上げ率が５％超えてるよ。これおかしくない？　改定条件は各年度一緒なんだから、かさ上げ率

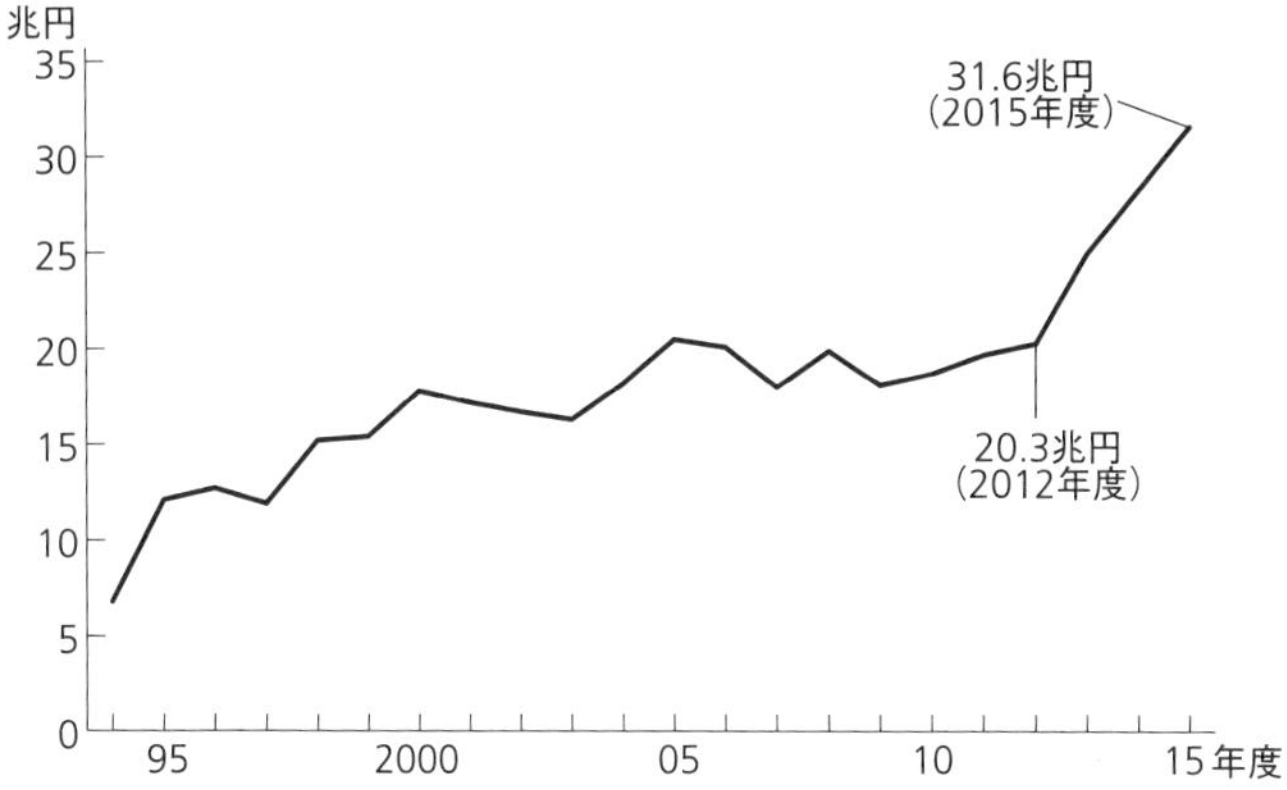

図4-2　名目GDPかさ上げ額

資料：内閣府ホームページ「国民経済計算（GDP統計）」

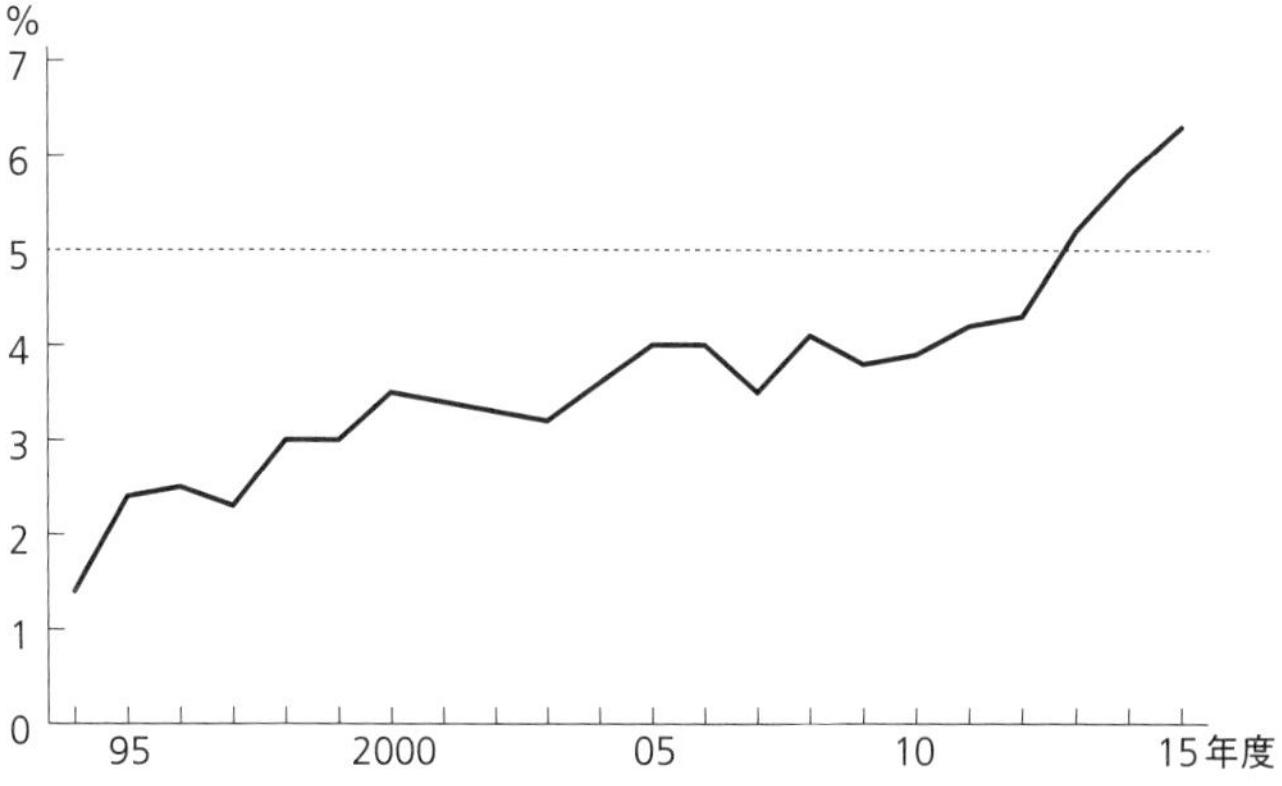

図4-3　名目GDPかさ上げ率

資料：内閣府ホームページ「国民経済計算（GDP統計）」

（兆円）

年度（平成）	17年 2005	18年 2006	19年 2007	20年 2008	21年 2009	22年 2010	23年 2011	24年 2012	25年 2013	26年 2014	27年 2015
名目GDP（平成23年基準）	525.8	529.3	531.0	509.4	492.1	499.2	493.9	494.7	507.4	517.9	532.2
名目GDP（平成17年基準）	505.3	509.1	513.0	489.5	474.0	480.5	474.2	474.4	482.4	489.6	500.6
改定幅	20.5	20.1	18.0	19.9	18.1	18.7	19.7	20.3	25.0	28.3	31.6
2008SNA対応	19.8	20.7	21.4	21.1	19.2	19.4	19.8	19.6	21.0	23.0	24.1
研究・開発（R&D）の資本化	16.9	17.7	18.3	18.1	16.4	16.4	16.6	16.6	17.3	18.5	19.2
市場生産者分	13.6	14.3	14.9	14.7	13.1	13.1	13.3	13.3	14.0	15.1	15.8
非市場非生産者分	3.3	3.3	3.4	3.4	3.3	3.3	3.3	3.3	3.3	3.4	3.4
特許等サービスの扱いの変更	0.9	1.1	1.3	1.2	1.1	1.3	1.5	1.4	2.1	2.8	3.1
防衛装備品の資本化	0.6	0.6	0.6	0.6	0.6	0.6	0.6	0.6	0.6	0.6	0.6
所有権移転費用の取扱い精緻化	1.1	1.1	1.0	1.0	0.9	0.9	0.9	0.8	0.8	1.0	0.9
中央銀行の産出額の明確化	0.2	0.2	0.2	0.2	0.2	0.2	0.2	0.2	0.2	0.2	0.2
その他	0.7	-0.6	-3.4	-1.2	-1.1	-0.8	-0.1	0.6	4.0	5.3	7.5

図4-4　名目GDP（実額）の改定要因について

資料：平成28年12月22日付内閣府作成資料
「平成27年度国民経済計算年次推計（平成23年基準改定値）（フロー編）ポイント」

（兆円）

年度（平成）	6年 1994	7年 1995	8年 1996	9年 1997	10年 1998	11年 1999	12年 2000	13年 2001	14年 2002	15年 2003	16年 2004
名目GDP（平成23年基準）	502.4	516.7	528.7	533.1	526.1	522.0	528.6	518.9	514.7	518.2	521.0
名目GDP（平成17年基準）	495.6	504.6	515.9	521.3	510.9	506.6	510.8	501.7	498.0	501.9	502.8
改定幅	6.8	12.1	12.7	11.9	15.2	15.4	17.8	17.2	16.7	16.3	18.2
2008SNA対応	14.6	15.1	16.0	16.9	17.1	17.0	17.3	17.4	17.9	18.1	18.6
研究・開発（R&D）の資本化	13.0	13.5	14.2	14.9	15.2	15.1	15.3	15.4	15.6	15.7	16.0
市場生産者分	10.7	11.1	11.7	12.3	12.5	12.2	12.3	12.4	12.5	12.6	12.8
非市場非生産者分	2.3	2.4	2.5	2.6	2.8	2.8	2.9	3.0	3.1	3.2	3.2
特許等サービスの扱いの変更	-0.3	-0.3	-0.1	0.1	0.0	0.1	0.2	0.2	0.4	0.5	0.7
防衛装備品の資本化	0.6	0.6	0.6	0.6	0.6	0.6	0.6	0.6	0.6	0.6	0.6
所有権移転費用の取扱い精緻化	1.1	1.0	1.0	1.1	1.1	1.1	1.0	1.1	1.1	1.1	1.1
中央銀行の産出額の明確化	0.2	0.2	0.2	0.2	0.2	0.2	0.2	0.2	0.2	0.2	0.2
その他	-7.8	-3.0	-3.3	-5.0	-1.9	-1.6	0.5	-0.2	-1.2	-1.8	-0.3

はだいたい同じになるはずなんじゃないの。１９９０年代のかさ上げ率なんか超低いし。

モ　そう。条件が一緒なんだから、かさ上げ率のグラフは水平に近い形になるはずなんだ。でも、そうはなっていない。ここで、内閣府はかさ上げの内訳を公表しているから、それを見てみよう。**図４－４**の表だ。

最も問題な「その他」のかさ上げ額とかさ上げ率

モ　このかさ上げの内訳を大きく２つに分けると次のとおりだ。

●2008SNA対応によるもの。
●「その他」。

モ　まずは、２００８ＳＮＡによるかさ上げ額とかさ上げ率から説明しよう。**図４－５**と**図４－６**のグラフを見てごらん。

太　２００８ＳＮＡによるかさ上げ率を見ると、１～３位までをすべてアベノミクス以降

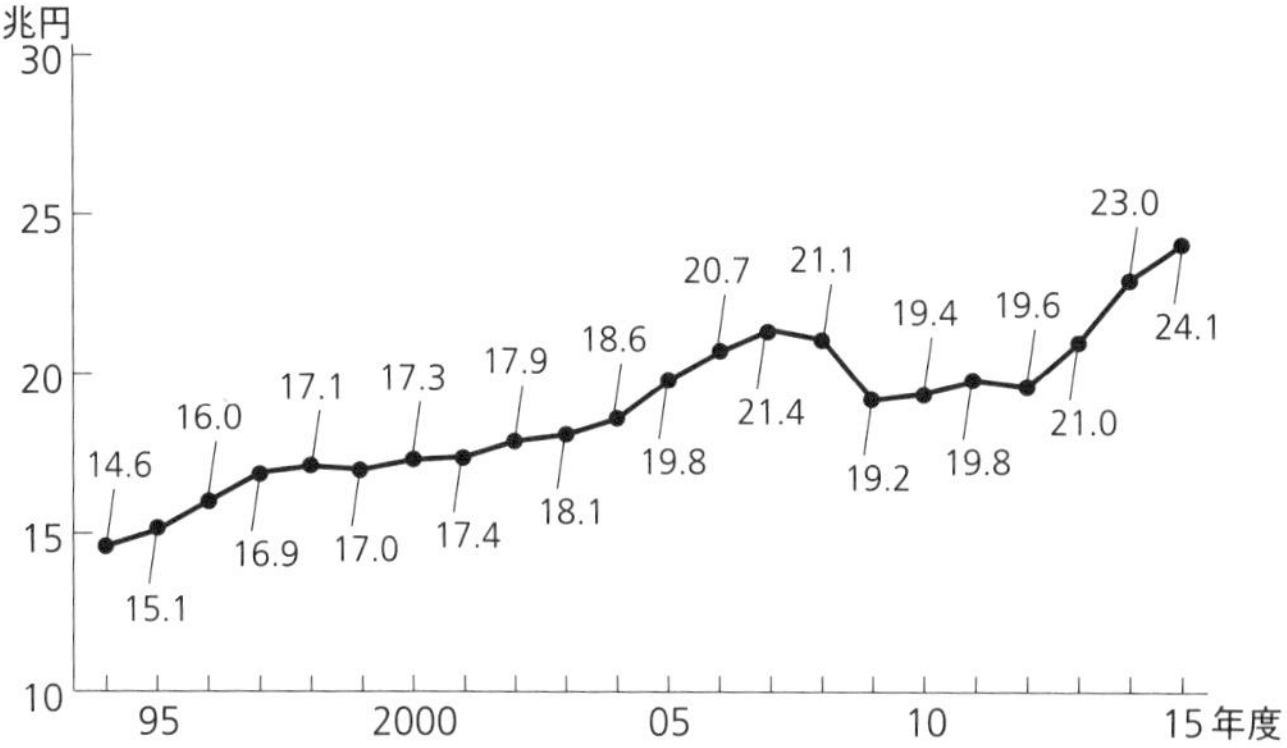

図4-5　2008SNAによるかさ上げ額

資料：平成28年12月22日付内閣府作成資料
「平成27年度国民経済計算年次推計（平成23年基準改定値）（フロー編）ポイント」

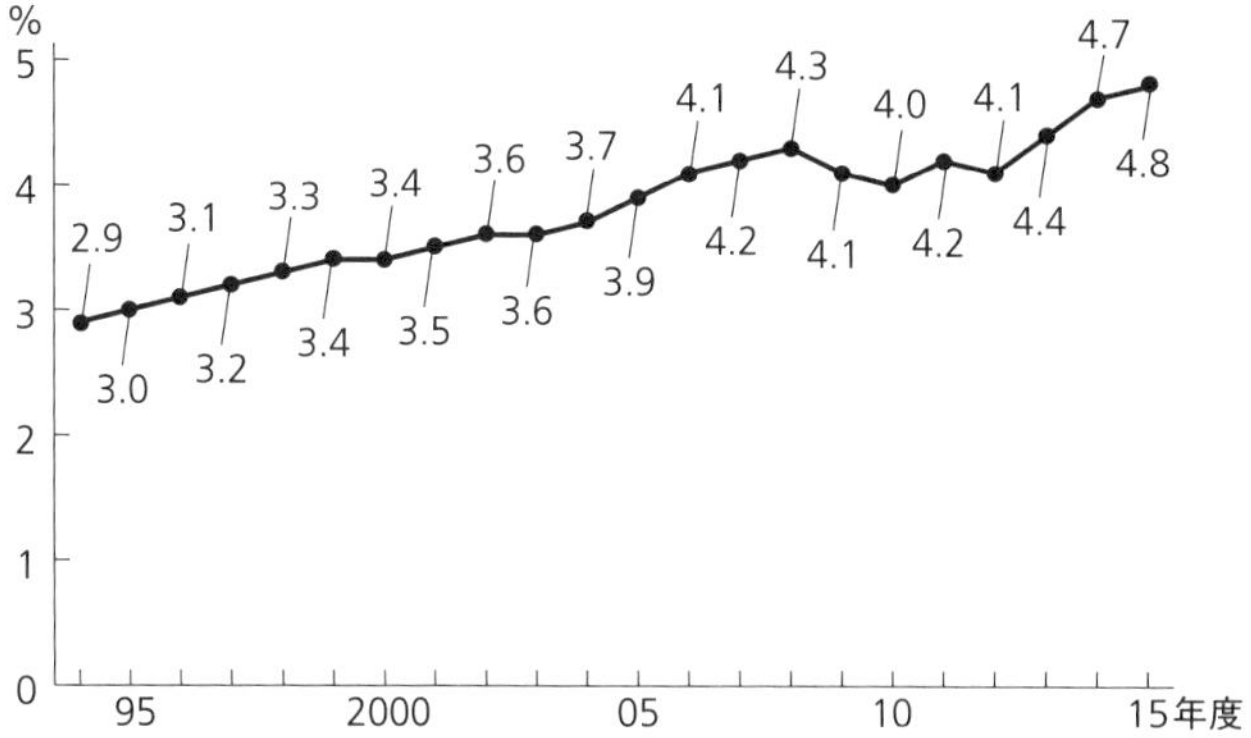

図4-6　2008SNAによるかさ上げ率

資料：平成28年12月22日付内閣府作成資料
「平成27年度国民経済計算年次推計（平成23年基準改定値）（フロー編）ポイント」

が占めているんだね。なんだか怪しいな〜。

モ　うん。これだけでも十分に怪しいんだけど、最も問題なのは「その他」のかさ上げ額とかさ上げ率だ。これは「等」という表現を使って、かさ上げの理由がぼかされていた部分だよ。**図4-7**と**図4-8**のグラフに示したとおりだ。

太　何これ？　アベノミクス以降だけ数字が全然違うじゃん。数字がプラスになってるものが22年度中6回しかなくて、その半分をアベノミクスが占めてるよ。額も桁違いじゃん。

モ　そうだ。アベノミクス以降を除くと、「その他」のかさ上げ額の最高額は2005年度の0・7兆円。しかし、アベノミクス以降だと、文字どおり桁違いのかさ上げ額になっている。

太　2013年度4兆円、2014年度5・3兆円、2015年度7・5兆円……金額が違いすぎる。これはやりすぎでしょ。2015年度のかさ上げ額なんて、アベノミクス直前の2012年度の約12・5倍だよ。アベノミクス以前の数字だと、プラスどころかマイナスばっかりなのに。特に1990年代なんて全部マイナスじゃん。

モ　うん。1994〜99年度の「その他」かさ上げ額の平均値を出すと、マイナス約3・

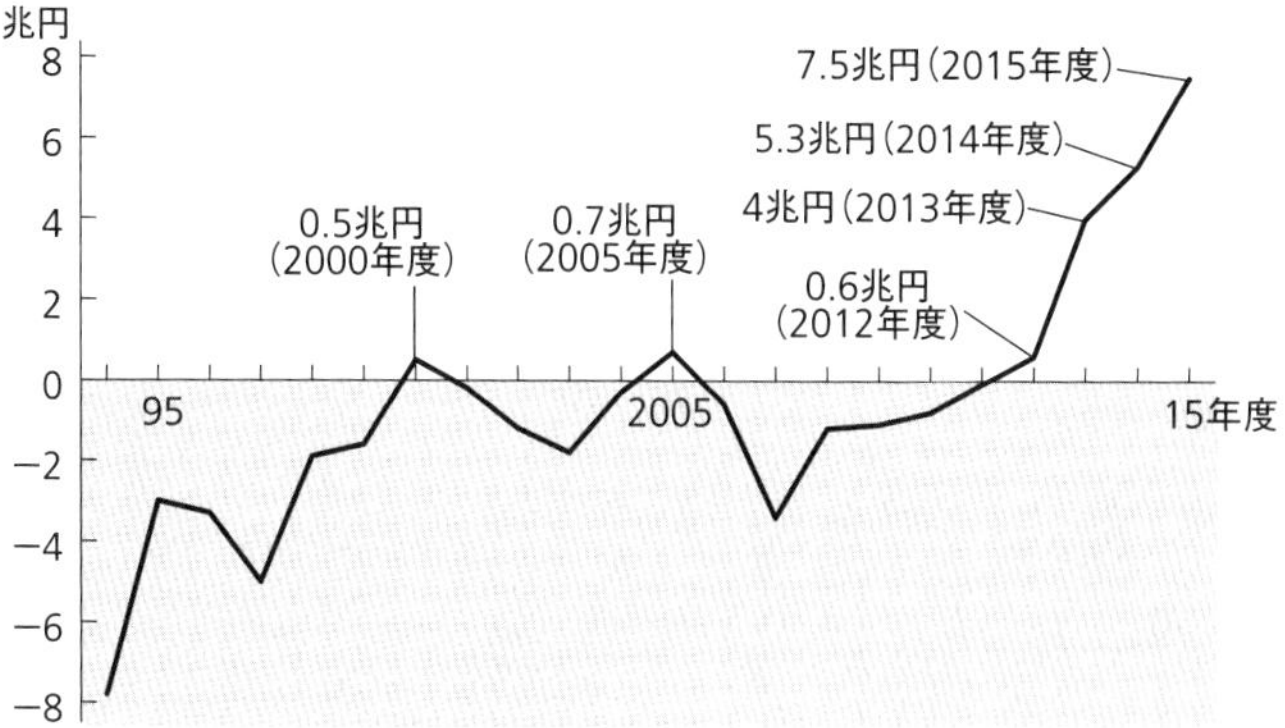

図4-7　「その他」のかさ上げ額

資料:平成28年12月22日付内閣府作成資料
「平成27年度国民経済計算年次推計(平成23年基準改定値)(フロー編)ポイント」

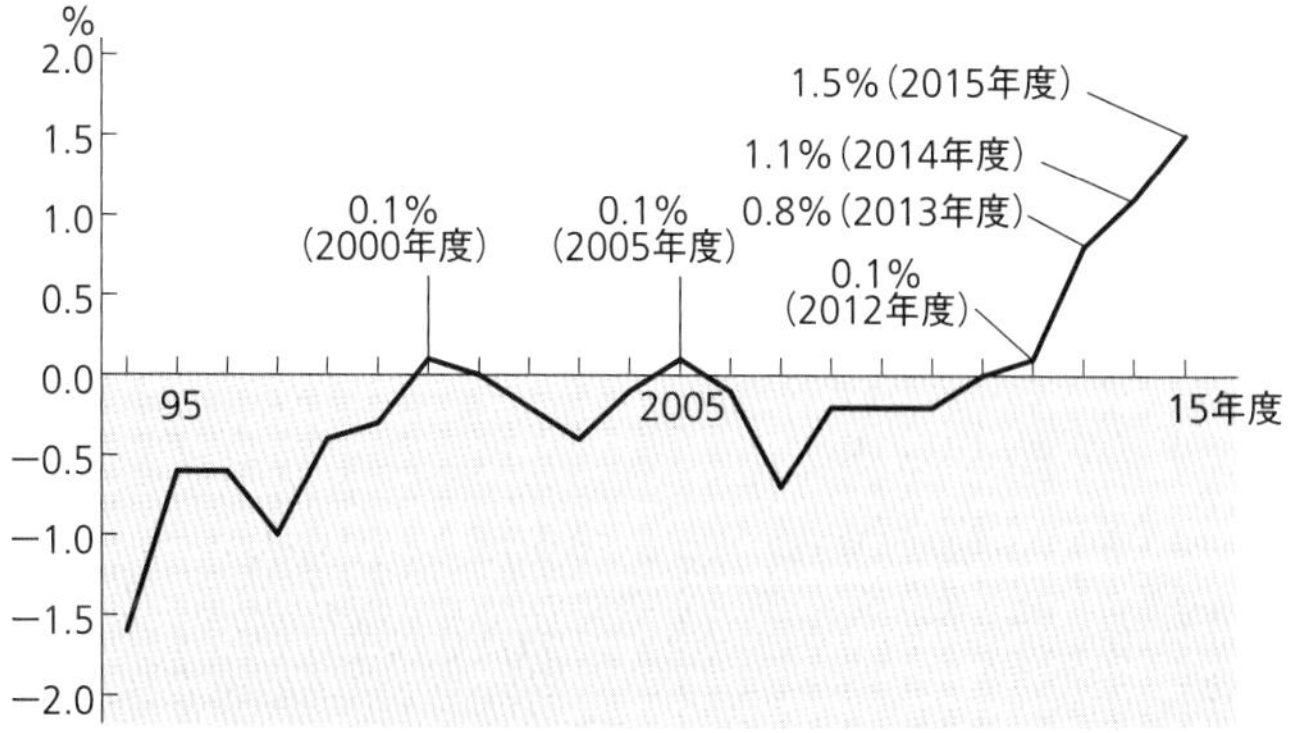

図4-8　「その他」のかさ上げ率

資料:平成28年12月22日付内閣府作成資料
「平成27年度国民経済計算年次推計(平成23年基準改定値)(フロー編)ポイント」

８兆円。そして２０００～12年度の「その他」かさ上げ平均値はマイナス約０・７兆円だ。他方、アベノミクス以降の平均値は約５・６兆円。

太　それって、「その他」の数字はアベノミクス以降を除くと、むしろ平均してマイナスにしかなってないってことだよね。そして、改定前の名目ＧＤＰが高かった１９９０年代が特に大きくマイナスになっている。

モ　そのとおり。改定前の名目ＧＤＰ（**図４－１**）を見ると、１９９０年代の方が全体的に高く、ピークも97年度だった。しかし、改定によるかさ上げ額を見ると、90年代は「２００８ＳＮＡ」によるかさ上げ額も小さい上に、「その他」で大きくマイナスになっている。それによって90年代のかさ上げ額が抑えられている。逆に、アベノミクス以降は「２００８ＳＮＡ」によるかさ上げも「その他」によるかさ上げも大きい。

太　だから２０１５年度の名目ＧＤＰが、ピークだった１９９７年度の名目ＧＤＰにほぼ並んだんだね。そして、16年度の名目ＧＤＰは97年度を追い抜き、史上最高額を記録した。これ、「その他」でかさ上げ額を調整して歴史を書き換えてない？　改定前だったら97年度に遠く及ばない数字だったのに。歴史を書き換えたいから22年も遡って改定したように

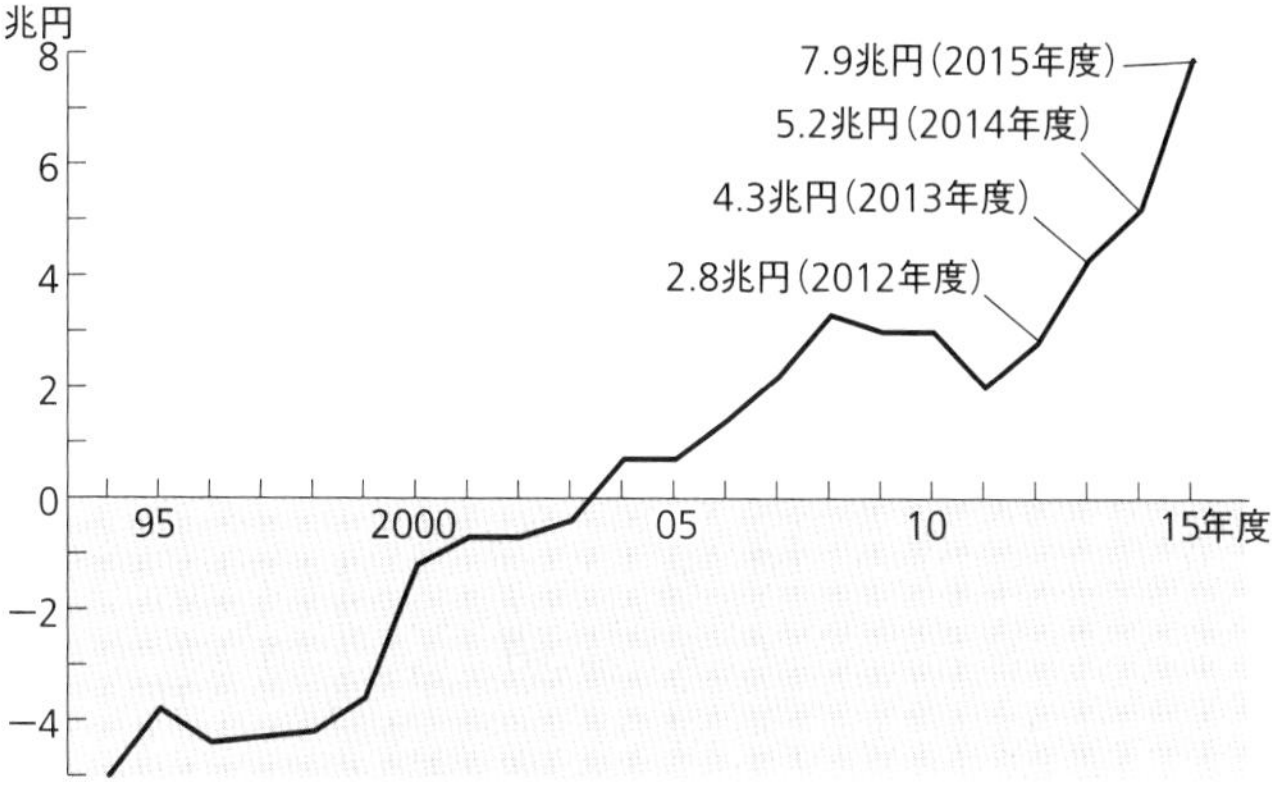

図4-9　名目民間最終消費支出差額

資料:内閣府ホームページ「国民経済計算(GDP統計)」

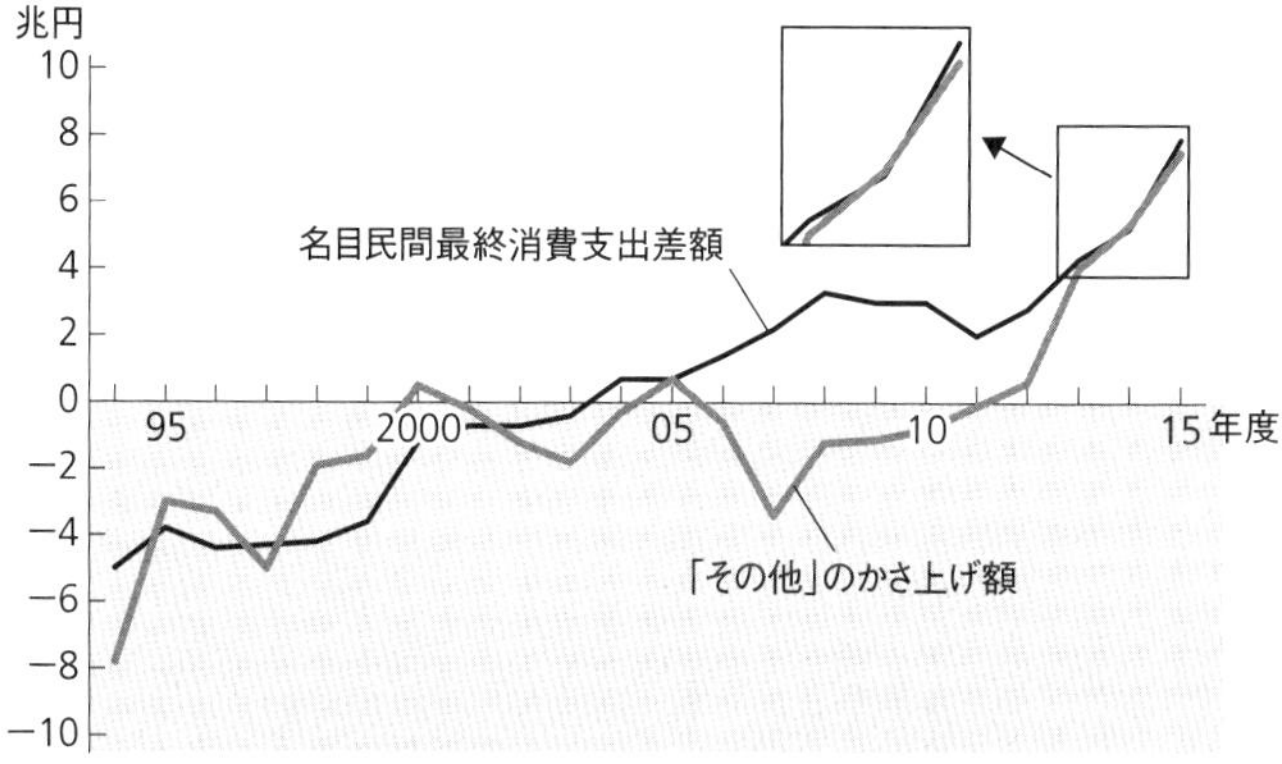

図4-10　名目民間最終消費支出差額と「その他」のかさ上げ額

資料:内閣府ホームページ「国民経済計算(GDP統計)」、平成28年12月22日付内閣府作成資料「平成27年度国民経済年次推計(平成23年基準改定値)(フロー編)ポイント」

見える。絶対おかしいよ。

モ　そうだ。「2008SNA対応」の陰に隠れて、「その他」の部分でとんでもないかさ上げがされているのがわかっただろう。

なぜ「その他」のかさ上げ額において、アベノミクス以降と以前でこれほど異常な差が出るのか、政府に納得のいく説明をしてもらいたいところだね。説明できなければ「改ざんした」と批判されても仕方ないだろう。

さて次は、この「その他」のかさ上げ額が、一体、名目GDPのどこに充てられたかだ。ここで**図4-9**のグラフを見てほしい。これは、名目民間最終消費支出について、平成23年基準と平成17年基準の差額を示したものだ。

アベノミクス以降（2013年度以降）のかさ上げ額が突出しているのがここでもわかるだろう。特に2015年度が異常だ。これとさきほどの「その他」のかさ上げ額を重ねてみよう。**図4-10**のグラフを見てごらん。

太　うわ～！　アベノミクス以降の名目民間最終消費支出のかさ上げ額と、「その他」のかさ上げ額がほぼピッタリ一致しているじゃん！　何この抜群の不自然さ！

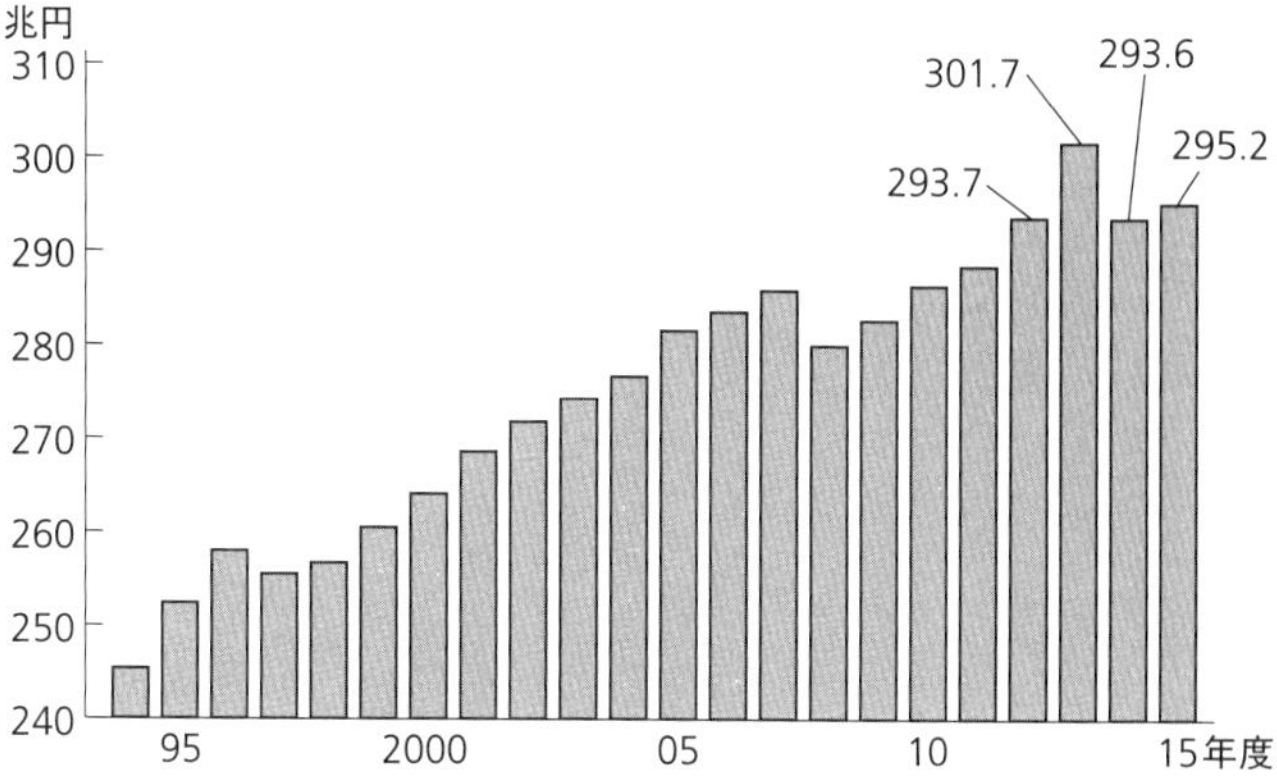

図4-11　平成23年基準実質年度民間最終消費支出

資料：内閣府ホームページ「国民経済計算（GDP統計）」

モ　不自然でしょ。3年度連続でここまで一致しているのってアベノミクス以降だけだからね。「その他」という名目で思いっきりかさ上げされた金額が、ほぼそのまま民間最終消費支出に充てられている。これによって、アベノミクス失敗の最大要因である「消費の落ち込み」はかなり修正されたことになる。特に2015年度が凄くて、約8兆円もかさ上げされている。これが実質の民間最終消費支出にどのように影響したのか見てみよう。**図4-11**のグラフだ。

太　あ！「2年度連続で下がった」っていう現象がグラフから消えてる！　それに、2015年度の数字がアベノミクス前（2012年度）よりも上だよ！　これって、2015年度の名目最終消

	下落額（単位：兆円）	下落率
2008年度	5.9	2.1%
2014年度	8.0	2.7%

図4-12　平成23年基準の2008年度と2014年度の実質民間最終消費支出の下落率の比較
資料：内閣府ホームページ「国民経済計算（GDP統計）」

費支出を約8兆円もかさ上げしたからだね。2014年度とリーマンショック時（2008年度）の比較はどう？

モ　**図4‐12**の表のとおりだ。2014年度の方が下落額も率も上だが、改定前よりも額にして約1兆円、率にして約0・2%差が縮まっている。

「2020年を目途に名目GDP600兆円達成」という目標に合わせた改定

モ　次は実質GDPを見てみよう。**図4‐13**のグラフだ。

太　あ〜！「2015年度が2013年度より下がった」っていう現象が消えてるよ！

モ　そう。改定前の2013〜15年度の成長率は

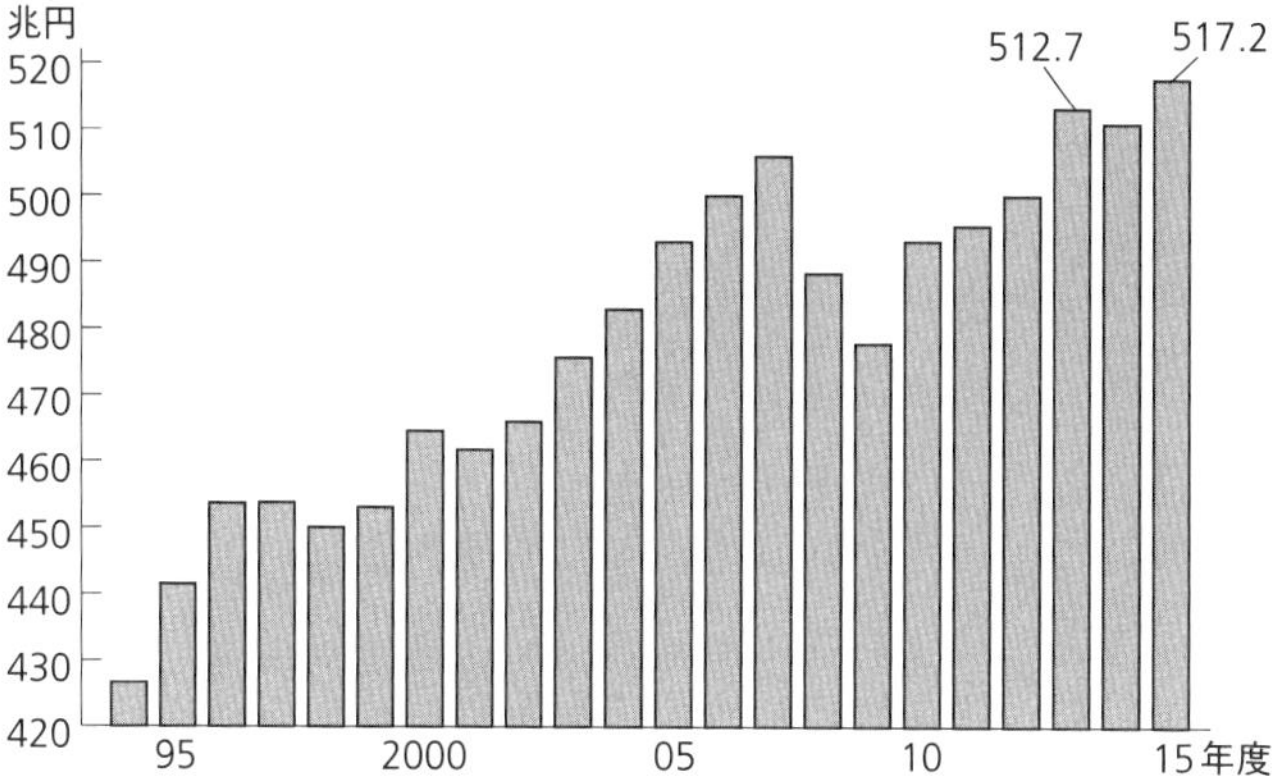

図4-13　平成23年基準実質GDP

資料：内閣府ホームページ「国民経済計算（GDP統計）」

約1・83％。しかし、改定後はその倍近くの3・51％になっている。

太　これ、「その他」で思いっきりかさ上げしまくったのがもろに影響してるじゃん。特に2015年度のかさ上げ額が突出してたもんね。

モ　そうだね。そして、前に言ったとおり、暦年データだと3年間できれいに区切れるので、民主党政権時代の3年間とアベノミクス以降の3年間を比較できる。改定前後の実質GDP成長率を比較したのが**図4-14**の表だ。

太　なんだよこれ……民主党は改定によって成長率が0・42％下がっているのに、自民党は逆に1・70％上がって倍近くになってるじゃん。露骨すぎでしょこれ。

	平成17年基準	平成23年基準	差
民主党成長率（2010〜12年）	6.05%	5.63%	−0.42%
自民党成長率（2013〜15年）	1.89%	3.59%	1.70%

図4-14　民主党政権時代とアベノミクス以降の実質GDP成長率の比較（暦年）

モ　改定前は民主党政権時代の3分の1にも満たなかった自民党の成長率が、改定後は5分の3程度になっている。

太　差が縮まってはいるけど……逆にあんだけ怪しいかさ上げしても、民主党政権時代に余裕で負けてるのね……。

モ　うん。なんか失敗が余計に際立つ怪しいかさ上げだよね。ここで、第3章で指摘した5つの現象がどうなったのか、**図4-15**の表にまとめたので見てみよう。

太　アベノミクスの失敗を象徴する5つの現象のうち4つが消えてるのか……。なんて都合のいい改定だ。2013〜15年度の「その他」のかさ上げ額が異常に高いのがここに影響してるね。特に2015

	改定前	改定後
1	2014年度の実質民間最終消費支出はリーマンショックを超える下落率を記録した。	そのまま
2	戦後初の「2年度連続で実質民間最終消費支出が下がる」という現象が起きた。	消えた
3	2015年度の実質民間最終消費支出は、アベノミクス開始前（2012年度）を下回った（消費がアベノミクス前より冷えた）。	消えた
4	2015年度の実質GDPは2013年度を下回った（3年分の成長率が1年分の成長率を下回った）。	消えた
5	暦年実質GDPにおいて、同じ3年間で比較した場合、アベノミクスは民主党政権時代の約3分の1しか実質GDPを伸ばすことができなかった。	消えた

図4-15　アベノミクスの失敗を象徴する5つの現象の改定前後比較

年度。

モ　そうだね。では、この改定が何を意図しているのかさらに検証してみよう。**図4-16**のグラフは名目GDPについて、改定前後の成長率を比較したものだ。

太　成長率もかさ上げされてるのね。

モ　太郎、例えば2013年度のGDPを4兆円かさ上げしたとしよう。そして、2014年度のGDPも4兆円かさ上げしたとする。かさ上げの前後で成長率はどうなるかな。

太　成長率って要するに前年度との差のことだよね。前年度と同じ額だけ次の年度をかさ上げしたら、差額に違いはない。分母がかさ上げされた分だけ大きくなるから、むしろ成長率は下がってしまうね。

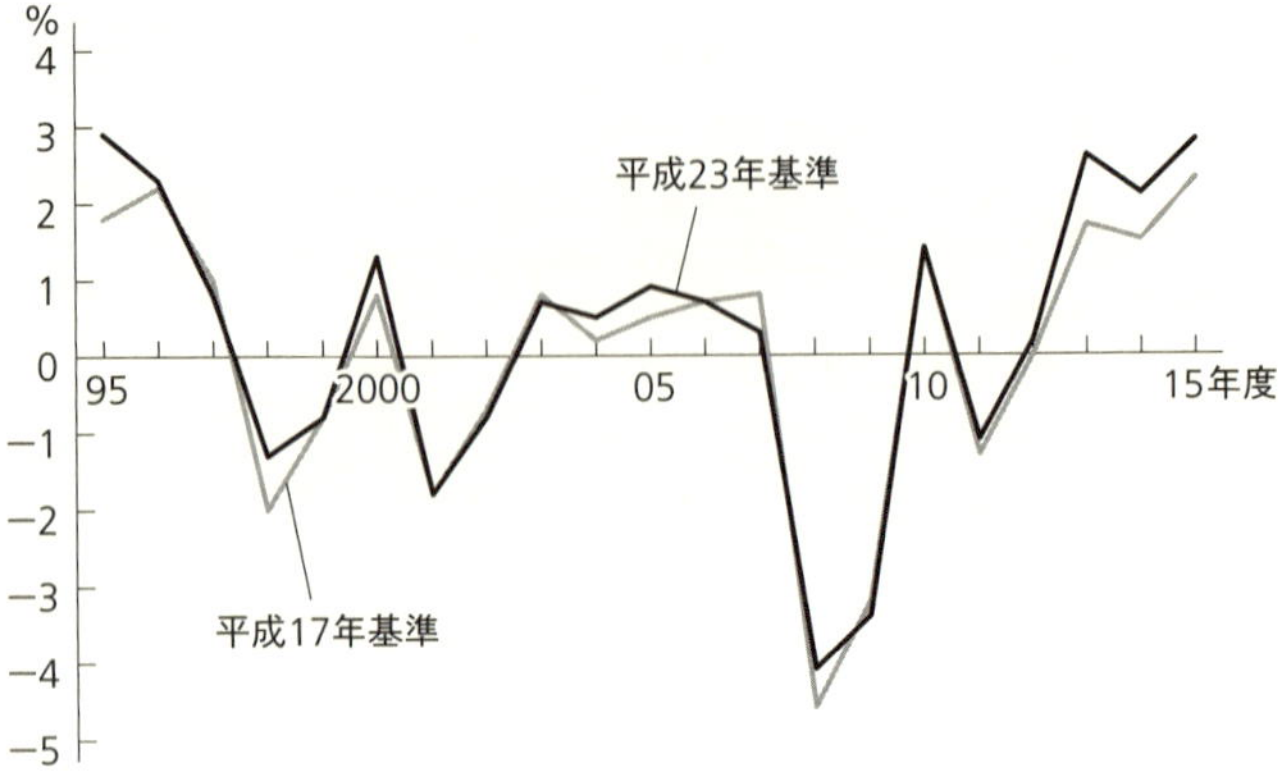

図4-16　名目GDP（実額）成長率の改定前と改訂後の比較
資料：内閣府ホームページ「国民経済計算（GDP統計）」

モ　そのとおり。成長率をかさ上げしようと思ったら、かさ上げ額を増やしていかなければいけない。つまり2013年度のかさ上げ額より2014年度のかさ上げ額を大きくしなければいけないし、2015年度のかさ上げ額はそれよりもさらに大きくしないといけない。

太　そうか。だからかさ上げ額が2013年度から2015年度に進むにつれてだんだん大きくなり、特に2015年度がとんでもないかさ上げ額になっているんだね。成長率のかさ上げが何を意味するの？

モ　この怪しいかさ上げの狙いがわかる。改定後の名目年度GDPにおいて、アベノミクス以降の3年度の年間平均成長率は約2・5％だ（改定前の年平均成長率は約1・8%)。さて、この2・5%のペースで2020年度まで成長を続けるとこうなる。

532・2×1・025×1・025×1・025×1・025×1・025≒602・1兆円

モ　つまり、「アベノミクス以降の名目成長率を維持できれば、2020年度に名目GDP600兆円を達成できる」というストーリーができあがる。そして……安倍総理は2020年を目途に名目GDP600兆円という目標を掲げている。

太　え……これ、「2020年を目途に名目GDP600兆円達成」という目標に合わせて思いっきりかさ上げしてるってこと?

モ　そう考えるのは不合理ではないと思うよ。つじつまが合いすぎるからね。ちなみに、成長率2・4%だと約599兆円で微妙に600兆円に届かない。

太　こんなこと許されるの?　もう超絶怪しいじゃん。だいたい、目標が600兆円のままなのもおかしいよね。だって600兆円っていうのは、あくまでも改定前の基準によるGDPの時に設定された目標でしょ？　改定でこんなにかさ上げされたんだったら、それに合わせて目標も上げないとおかしいよね。こんなことやられているのに、なんで野党は追及しないんだよ。

モ　気づいてないんだよ。彼らは経済統計の詳細な分析をしていない。いつも選挙で経済を主争点にされて敗北しているのにね。2016年の参議院選挙の時も「実質賃金が下がった」って盛んに言っていたけれど、それだけでは足りない。「なぜ下がったのか」と「下がってどうなったのか」を言わないといけない。

太　そうだよね。なぜ実質賃金が下がったのかといえば、増税の影響もあるけど、それに加えてアベノミクスによる無理な円安が響いたからだよね。そして、その結果、消費が記録的に冷え込み、肝心の実質GDPが全然伸びなかった。ここらへんをわかりやすく国民に伝えないとダメだよね。

モ　うん。先の参院選で野党第一党の民進党は憲法を主な争点にしようとしたが、これは国民を無視した争点設定だった。2016年6月6日付の朝日新聞の記事によれば、重視する争点を憲法と答えた人は10％しかいなかったからね。一番重視されたのは社会保障で53％。次が景気や雇用で45％だ。で、社会保障だって結局経済がうまく回ってお金を捻出できるようにしないといけないから、争点は経済にすべきだったと思うよ。

太　まあそうだよね。ちゃんとアベノミクスの失敗を分析してそれを国民にわかりやすく伝えればもっと善戦できたかもね。それにしても、こんな改ざんしたとしか思えない怪しいかさ上げをするなんて、自分で失敗を認めているようなもんじゃん。もうなんか怖いよね。

でもさあ、前にも言ったけど、雇用が増えたとかなんとか、アベノミクスでうまくいった部分だってあるんでしょ？　悪いとこばっかつっつくのって性格悪いよモノシリン。

モ　では、アベノミクスの「成果」と呼ばれているものについて次章で検証していこう。

第4章まとめ

①GDPが改定され、数字が大きくかさ上げされた。その要因は、「2008SNA対応によるもの」と「その他」。

②「その他」のかさ上げ額は、アベノミクス以降だけが桁違いに突出している。アベノミクス以前の「その他」かさ上げ額は平均するとむしろマイナスであり、特に1990年代が大きくマイナスになっている。

③改定によって、アベノミクス失敗を象徴する5つの現象のうち4つが消失。そして、2016年度の名目GDPは史上最高額を記録。

④「2008SNA対応」を隠れ蓑《みの》にして、それと全然関係ない「その他」の部分でかさ上げ額を調整し、歴史の書き換えに等しい改定がされた疑いがある。

第5章

アベノミクスの「成果」を鵜呑みにしてはいけない

雇用が改善したのとアベノミクスは関係ない

モ　ここまで検証してきたとおり、アベノミクス第1の矢である金融緩和は、円安を引き起こし、それが増税との合わせ技になって物価を急上昇させ、消費を異常に冷え込ませた。それが影響して、アベノミクス以降の実質GDPの成長率は、3年かけても2％にすら届かず、あの民主党政権時代の約3分の1しかGDPを伸ばせなかった。

太　超大失敗してるじゃん。で、それをごまかすかのように、2008SNAを隠れ蓑にした怪しい改定がなされたんだよね。

モ　そう言っていいだろう。実質GDPを見れば、少なくとも「景気が良くなった」とは到底言えない。これを前提に、まず、「有効求人倍率」「有効求人数」「有効求職者数」の推移を見てごらん。

太　その前に、有効求人倍率って何？

モ　ハローワークにおける、「有効求人数（仕事の数）」を、「有効求職者数（仕事を求める人の数）」で割った数字のことだよ。ハローワークに出す求人の有効期間は通常2カ月。この有効期間内における求人倍率なので「有効」求人倍率と呼ばれる。この数字が1を超え

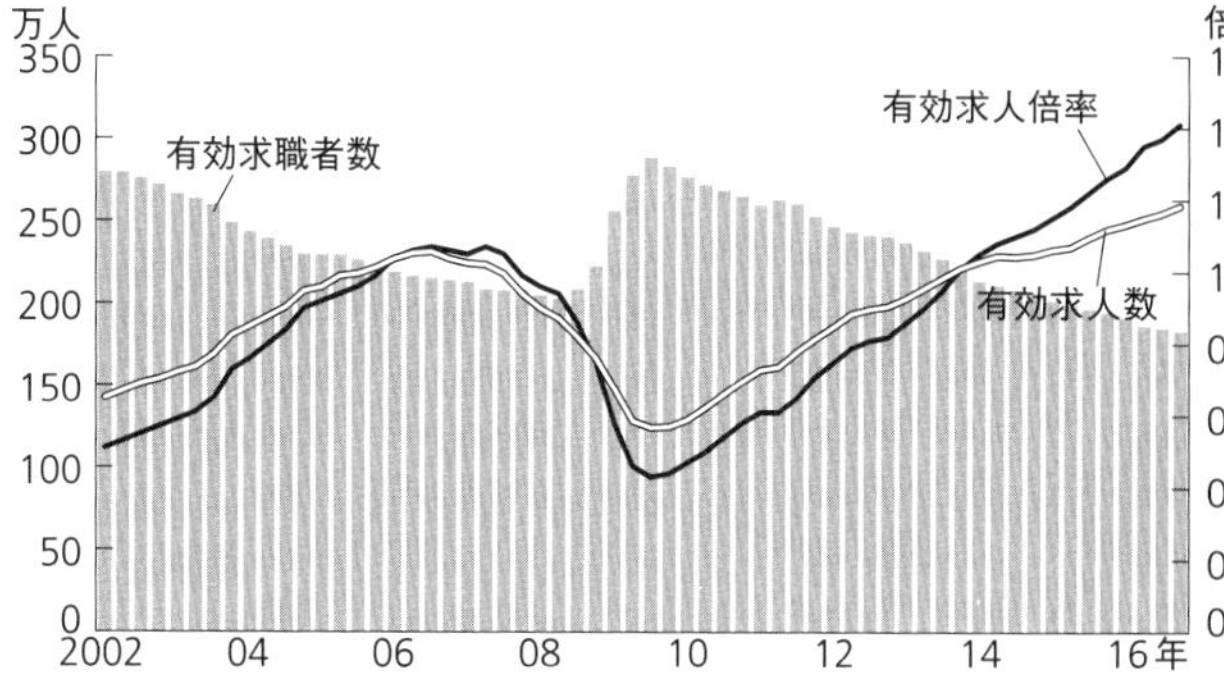

図5-1　有効求人倍率・有効求人数・有効求職者数
左側縦軸の目盛りが有効求職者数および有効求人数、
右側縦軸の目盛りが有効求人倍率を表す。
資料：厚生労働省ホームページ「一般職業紹介状況」

ると、仕事が余っている状態になる。では改めて**図5－1**のグラフを見てごらん。

太　リーマンショックのあった2008年から有効求人倍率と有効求人数が下がり始めて、2009年7～9月の時期に底を打っているね。そこからはずっと上昇基調だ。それとは反対に有効求職者数はどんどん減っている。

モ　アベノミクス前後でグラフの傾きに変化はあるかい？

太　ないね。リーマンショックの影響でいったん悪化したけど、後はずっと上昇基調。ペースも同じ。

モ　では、次に**図5－2**の失業率を見てみよう。失業率というのは、失業者数を労働力人口で割った数のことだ。

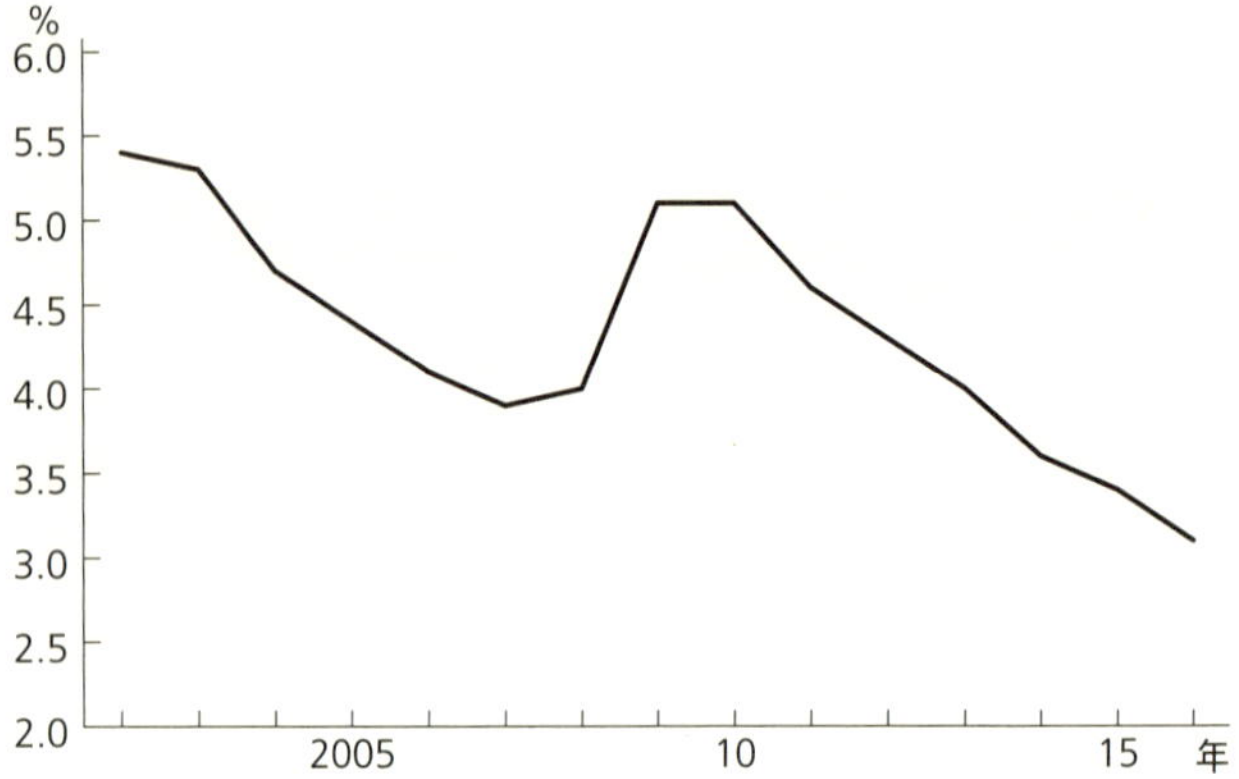

図5-2　完全失業率

資料：総務省統計局ホームページ「労働力調査」

太　これもさっきのグラフと傾向一緒じゃん。アベノミクスの前から失業率の低下が続いていて、それがアベノミクス以降も続いているだけに見えるね。傾きも全然変わらないし。

モ　そう。雇用の改善は以前からの大きな流れなんだ。それはアベノミクスよりも前から始まっている。次に、増えた雇用の内訳を見てみよう。次の**図5－3**の表は、2012年と2016年の産業別雇用者数の差を、多い順に並べたものだ。

太　医療・福祉がぶっちぎりの1位じゃん。これだけで101万人も増えてるよ。

モ　そうだ。2～5位を全部合わせた数字よりも多い。高齢化が進んでいる影響で、介護需要が急増している。この医療・福祉の雇用者数の増加は

万人

		2012年	2016年	差
1	医療、福祉	677	778	101
2	卸売業、小売業	940	976	36
3	宿泊業、飲食サービス業	311	334	23
4	情報通信業	181	200	19
5	製造業	981	999	18
6	教育、学習支援業	267	282	15
7	学術研究、専門・技術サービス業	157	171	14
8	複合サービス事業	47	61	14
9	不動産業、物品賃貸業	98	111	13
10	公務(他に分類されるものを除く)	224	231	7
11	漁業	5	8	3
12	農業、林業	52	54	2
13	運輸業、郵便業	326	327	1
14	金融業、保険業	159	160	1
15	鉱業、採石業、砂利採取業	3	3	0
16	電気・ガス・熱供給・水道業	32	30	−2
17	生活関連サービス業、娯楽業	184	179	−5
18	建設業	412	403	−9
19	サービス業(他に分類されないもの)	418	373	−45

図5-3　雇用増加の内訳
資料:総務省統計局ホームページ「労働力調査」

それを反映しているのだろう。医療・福祉分野での需要が、雇用改善に大きく貢献しているのは間違いない。

太　それって、アベノミクスと関係ないじゃん。

モ　そう。全然関係ない。アベノミクスで起きたのは、結局「円安」だけだ。その恩恵を受けるのは製造業だが、増えたのは4年間で18万人。医療・福祉の5分の1以下だ。そして、2〜4位を占めているのは基本的に内需に頼る産業だ。円安の恩恵はほとんど受けないだろう。国内実質消費の大きな落ち込みがなければ、もっと増えていたかもしれない。

太　ねえ。アベノミクスの第2の矢ってたくさん公共事業をするんだよね。だったら建設業が増えるはずなんじゃないの。逆に9万人減ってるよ。

モ　そうだね。第2の矢は少なくとも建設業の雇用増には結びついていない。建設業は少子高齢化の影響で若い男性労働者が少なくなって、熟練労働者が辞めた後を埋め切れていないんだろうね。他の職業ならパートの女性や定年退職後の労働者で労働力不足を補える余地があるけど、建設業は体力が必要だからそれが無理なのだろう。

ところで、この雇用状況の改善、つまり、有効求人倍率の上昇と、失業率の低下は今後も続いていくことが予想される。簡単に言うと、雇用構造の変化が影響する。まず**図5‐4**の厚生労働省作成の資料を見てごらん。このグラフのとおり、少子高齢化が進んで、日本は生産年齢人口（15〜64歳）が減少していく運命にある。

太　働き手が少なくなっていくということだね。それにしても2060年で人口約8700万人、高齢化率約40%って恐ろしい数字だな……。

モ　そう。他方で、直近の2年を除き、日本はずっと正規社員が減り、非正規社員が増えていく傾向が続いている。これはアベノミクスとはまったく関係ない。ずっと前からそうなんだ。**図5‐5**と**図5‐6**のグラフを見てごらん。

図5-4　日本の人口の推移

資料:厚生労働省作成資料「日本の人口の推移」

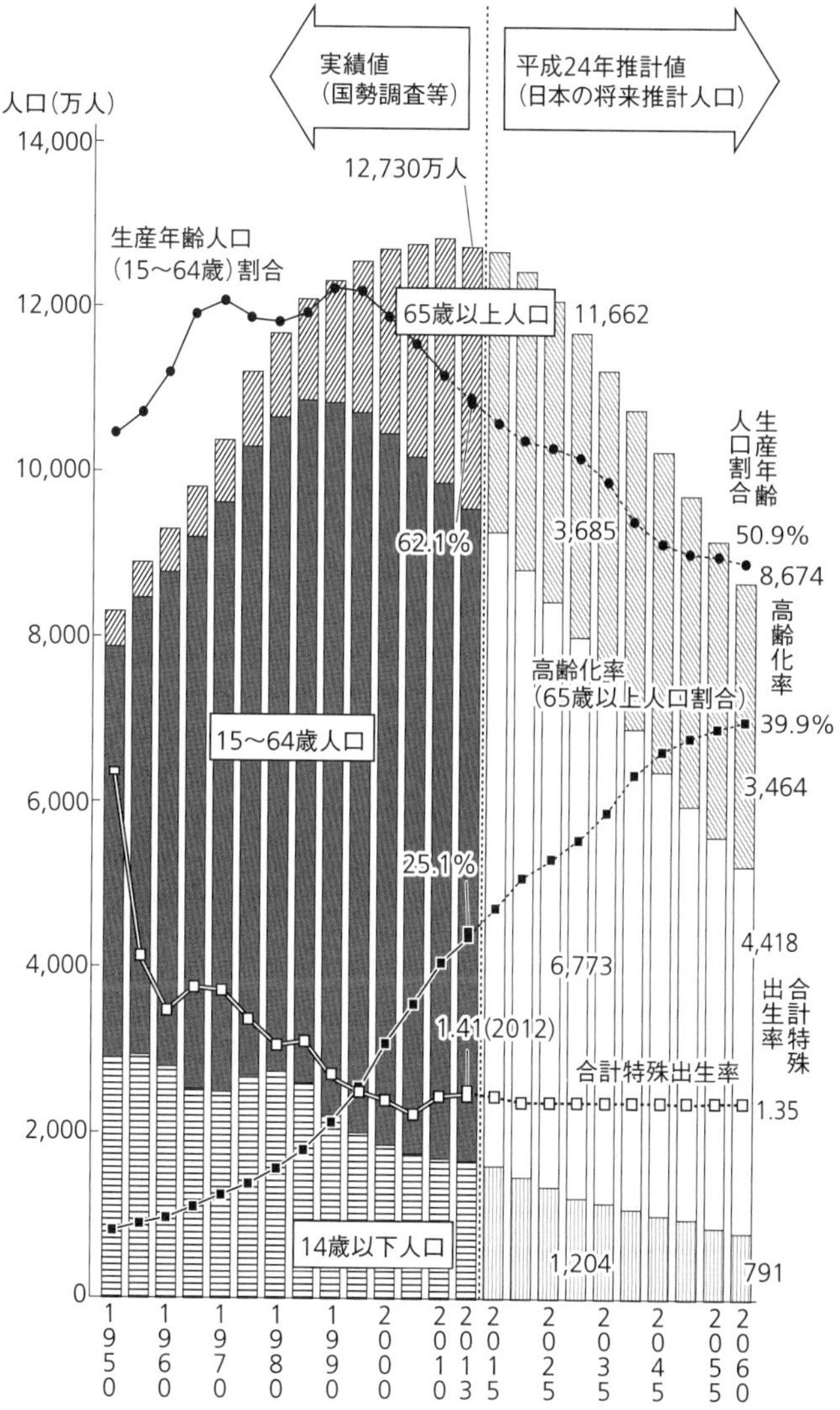

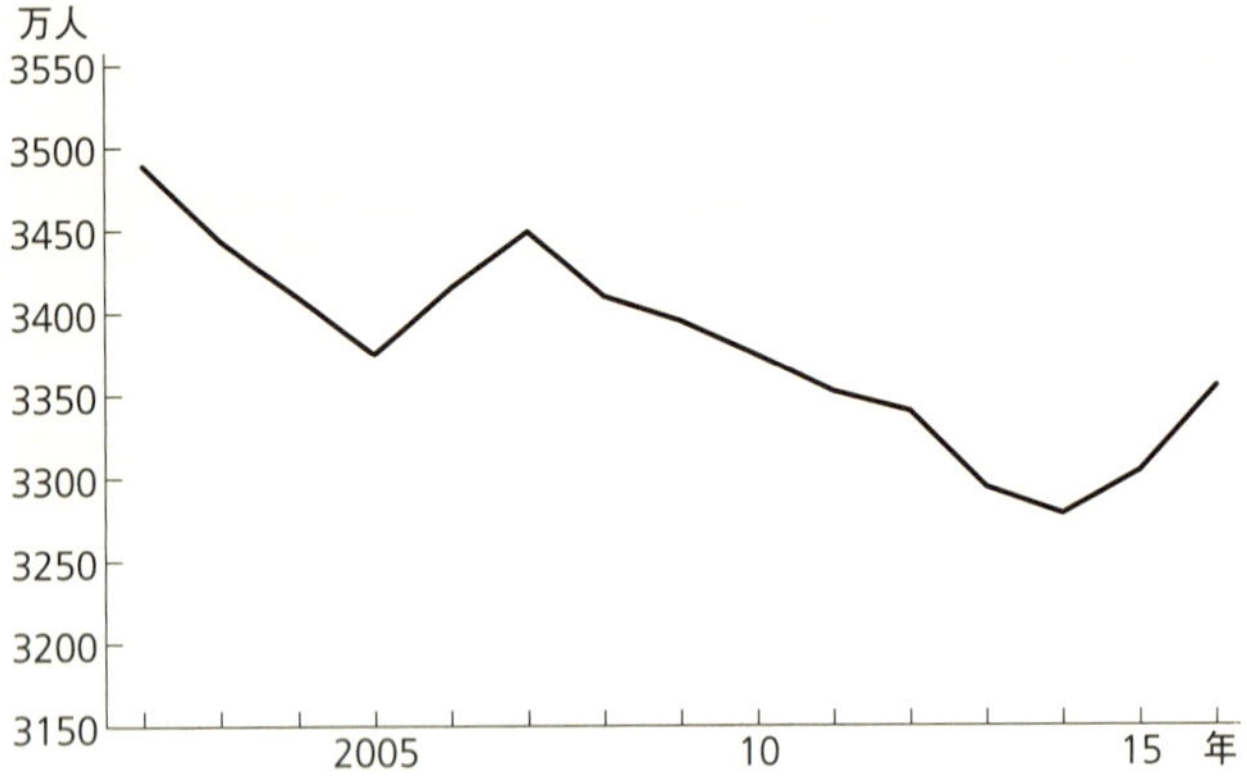

図5-5　正規社員数の推移
資料：総務省統計局ホームページ「労働力調査」

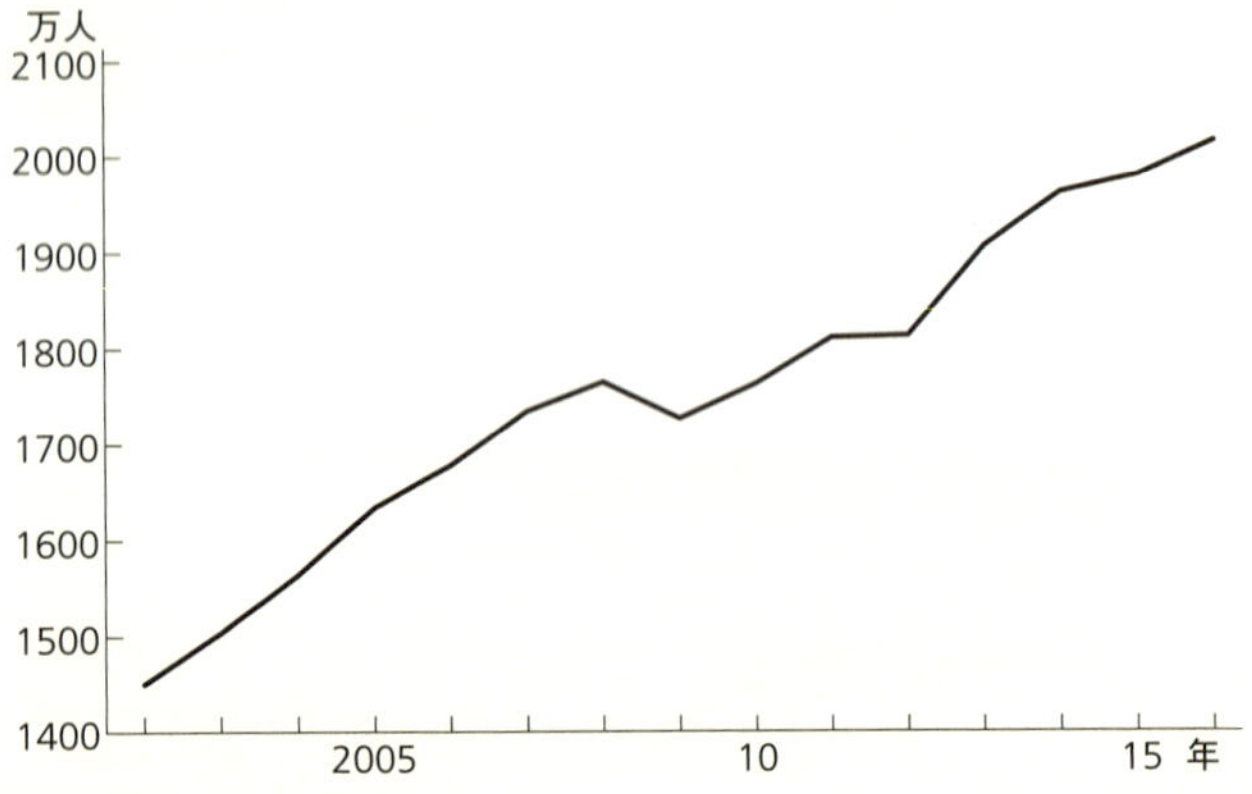

図5-6　非正規社員数の推移
資料：総務省統計局ホームページ「労働力調査」

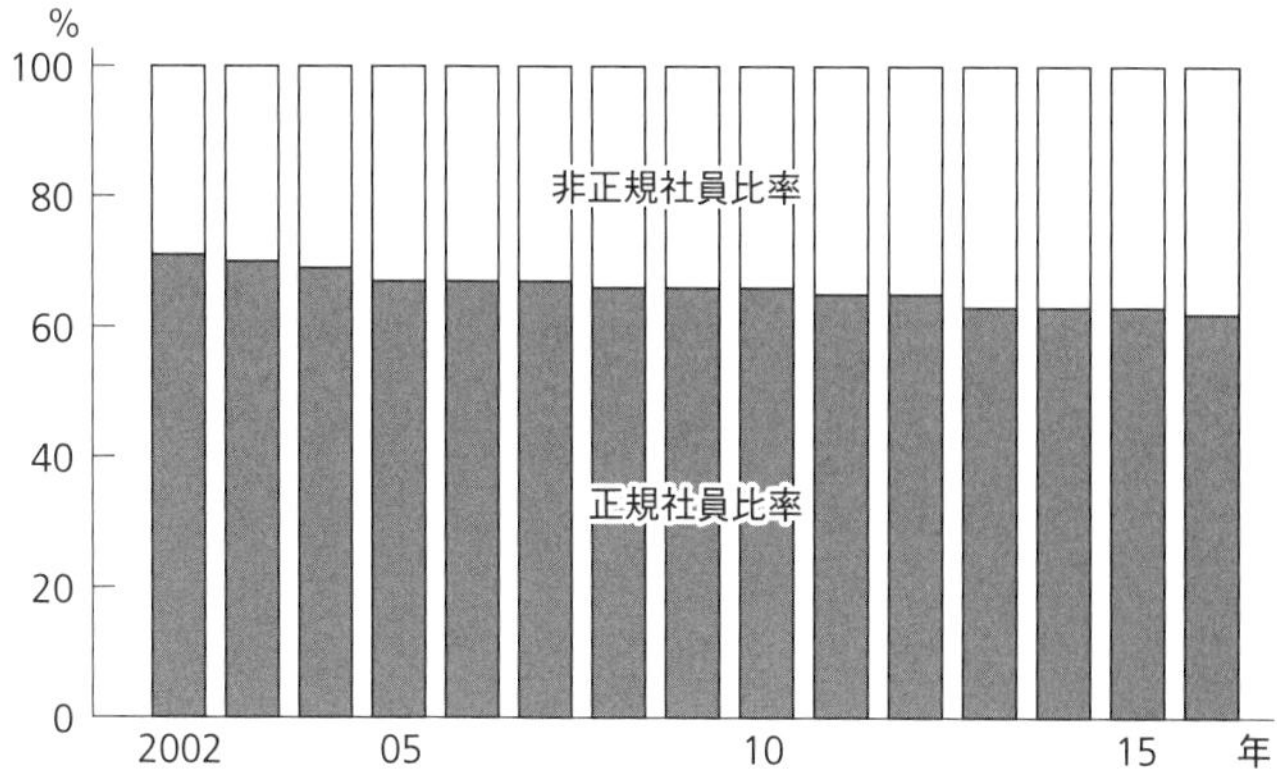

図5-7　正規社員・非正規社員比率
資料：総務省統計局ホームページ「労働力調査」

太　非正規社員が一貫して増えているのに、正規社員は減り続けていたんだね。でも直近2年は正規社員もすごく増えてるよ。

モ　そうだね。なぜ正規社員が直近2年で増えたのかについては、後で説明しよう。**図5－7**のグラフを見ると、非正規社員の割合が増加傾向にあるのがわかるだろう。正規社員と比べて、非正規社員は1人当たりの労働時間が短い。だから、**図5－8**のグラフのとおり、労働者1人当たりの労働時間は下がり続けている。さて、ここから何が言えるかな。

太　働く時間の長い人を減らす代わりに、働く時間の短い人をたくさん雇う構造に変化しているということだね。

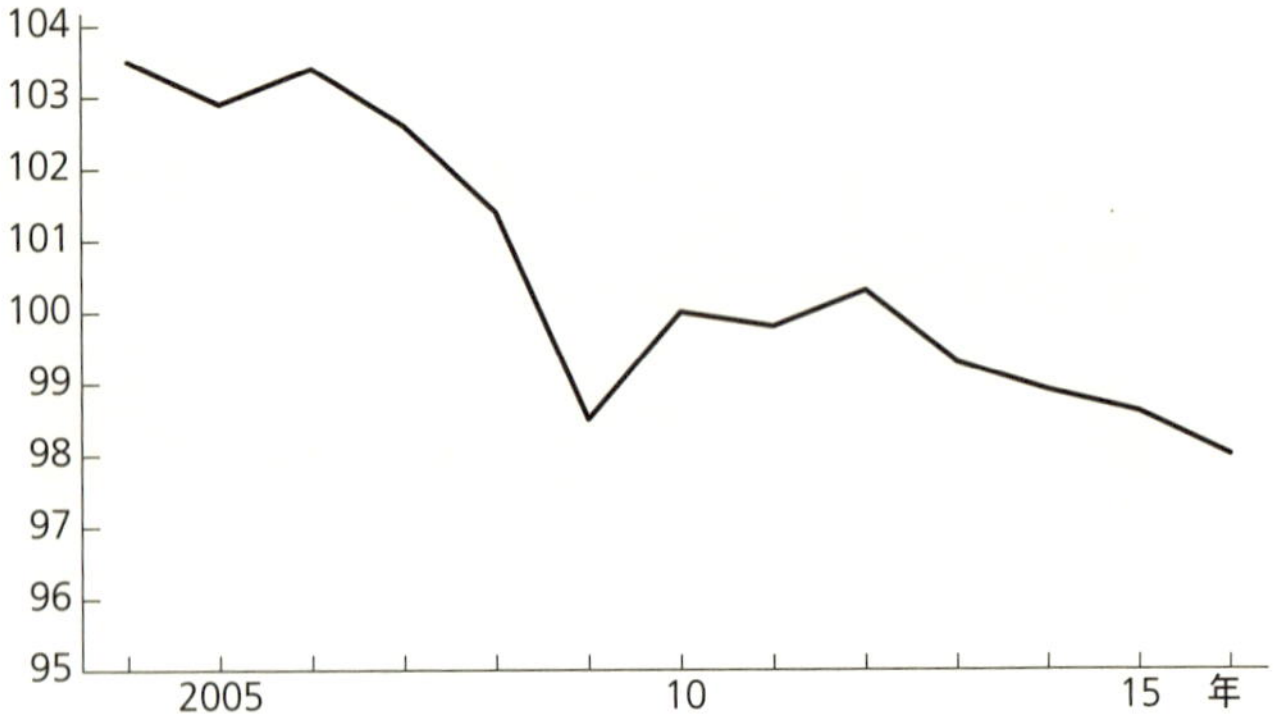

図5-8　労働時間指数の推移

2010年＝100とする指数。

資料：厚生労働省ホームページ「毎月勤労統計調査」

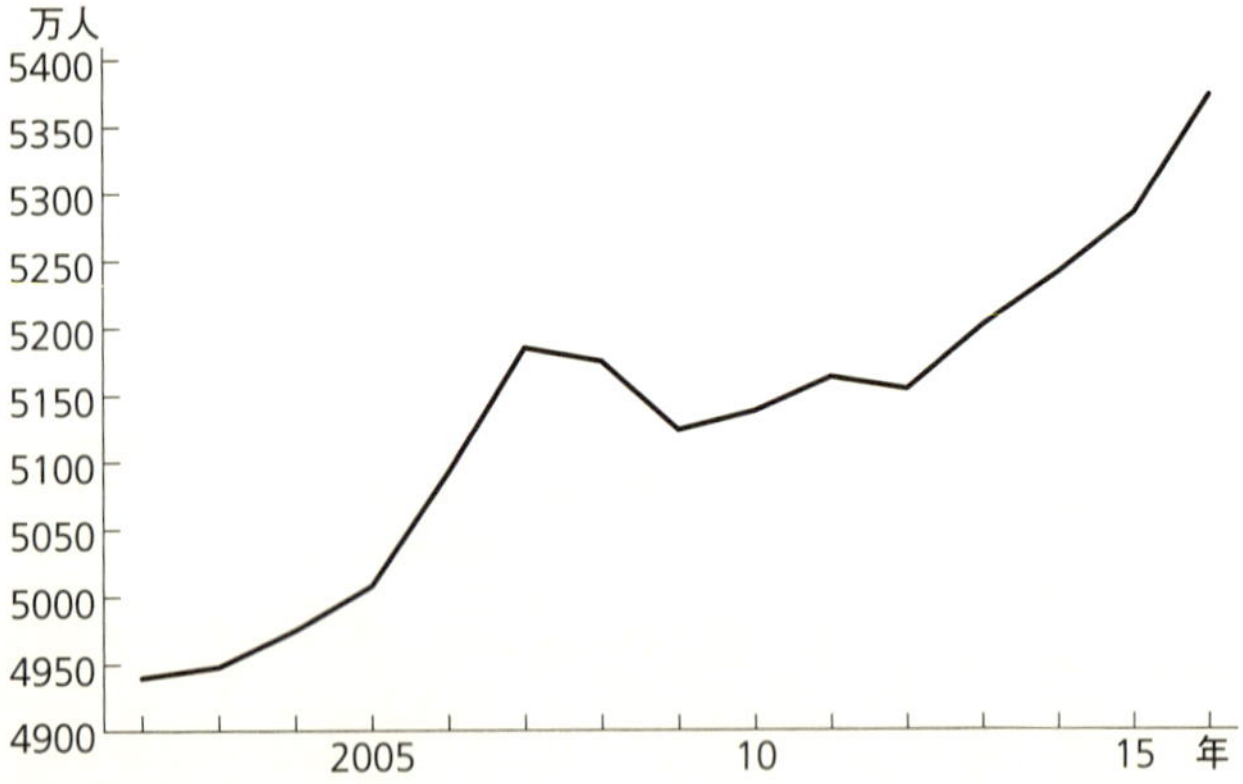

図5-9　役員を除く雇用者数

資料：総務省統計局ホームページ「労働力調査」

モ　そうだ。例えば、飲食チェーン店なんかは、社員が１人だけで、後は全部アルバイトだったりする。アルバイト１人当たりの労働時間は短いが、その分人数は多い。

太　そうやって正規社員が減って非正規雇用が増えていくと、労働者の数は全体として増えていくことになるね。

モ　そのとおりだ。**図5－9**のグラフのとおり、雇用者数は増加傾向だ。しかし、その一方で、働き手自体の人口は減っていく運命にある。

太　そうか。だから人手不足になるんだね。ただでさえ生産年齢人口が減っていくところに、労働者がたくさん必要な雇用構造に変化しているから、余計に人が足りなくなるのか。

モ　そう。そして、その人手不足にさらに拍車をかけているのが医療・福祉の雇用増だ。高齢者はさっきの厚生労働省の資料（**図5－4**）にもあったとおりこれからも増えていくから、医療・福祉の需要は増え続けていく。したがって、ますます人手が足りなくなる。だから、求人倍率や失業率が改善していくのは当然だ。

太　ふ～ん。だからアベノミクスと関係ないということね。ところでさあ、なんで直近２年だけ正規社員が増えているの？

万人

	2014年	2016年	差
男性正社員数	2259	2278	19
女性正社員数	1019	1078	59

図5-10　2014年と2016年を比べた男女別正規社員の増加数
資料：総務省統計局ホームページ「労働力調査」

モ　ずっと続いていた傾向が急に変わる背景には、法改正による強制力があると見るべきだね。これは正規社員の推移を男女に分けてみるとよくわかるよ。**図５－10**の表は、正社員減少が底打ちした２０１４年と、直近２０１６年の男女別の正規社員の増加を比較している。

太　え？　全然違うじゃん。男性は約20万人だけど、女性はその３倍の約60万人も増えてるね。増えた正社員の約75％を女性が占めているということか。これなんで？

モ　おそらく、労働契約法の改正が影響しているんじゃないかな。労働契約法の改正により、非正規でも5年を超えて雇った場合は、その社員からの申込みがあれば、正社員として雇うことが義務

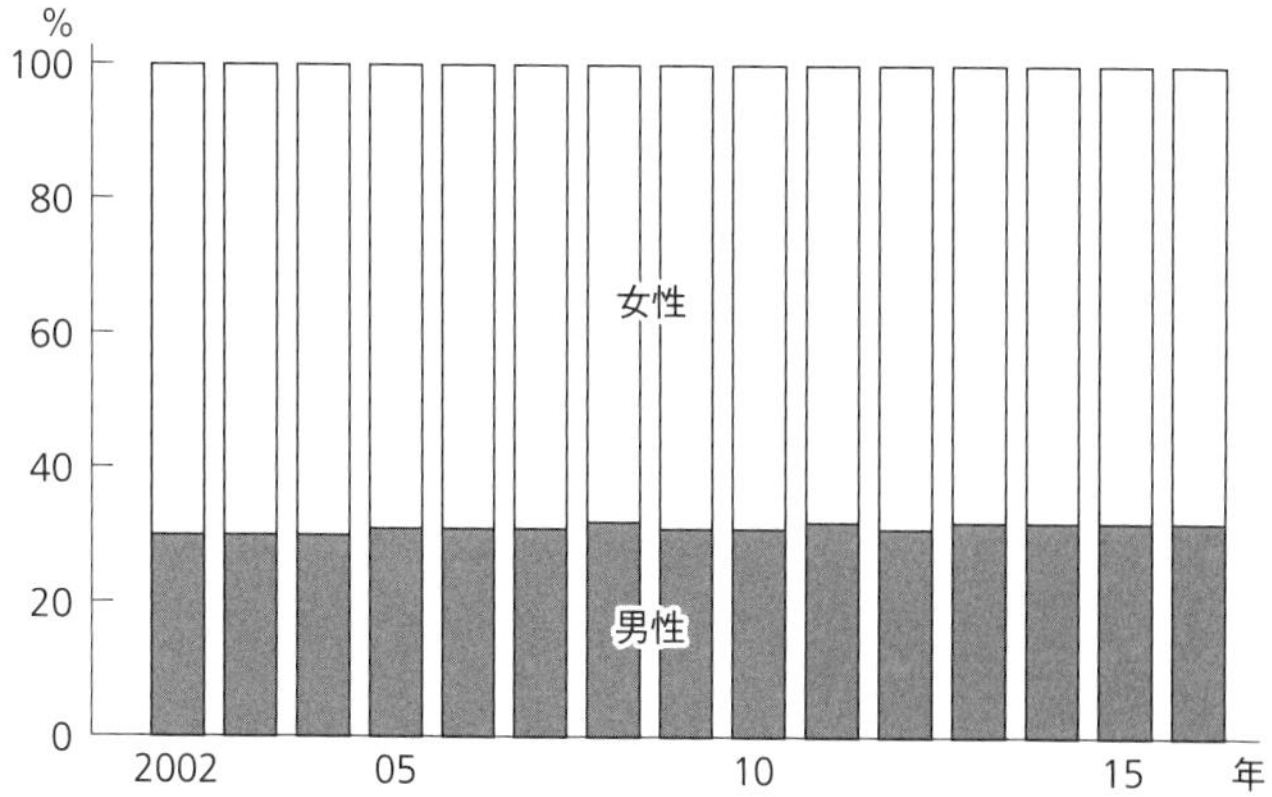

図5-11　非正規社員の男女比率
資料：総務省統計局ホームページ「労働力調査」

付けられた。

太　非正規社員を雇って5年を超えたら正社員にしなければならないということか。

モ　そう。この法律の影響で正社員が増えたとすれば、男女差が異常に大きいのも説明できる。**図5－11**のグラフのとおり、非正規に占める女性の割合は約7割で、圧倒的に男性より多いからね。

太　なるほどね。この法律改正が公布されたのっていつ？

モ　２０１２年の8月10日。つまり、民主党政権の時だ。だから、アベノミクスとは関係ない。

太　ふ～ん。いずれ正社員にしなければならないから、5年経過する前に非正規社員を正社員に転換し始めたんだね。

モ　うん。今後も転換は進んでいくだろう。さて、ここまでをまとめてみよう。

①日本は生産年齢人口（働き手）が減っていく傾向にある。

②日本は、正規雇用が非正規雇用に置き換えられることにより、雇用をたくさん必要とする雇用構造に変化している。

③高齢化の影響で、医療・福祉分野の需要が伸びている。

モ　以上の3つが重なって、人手不足の状態となり、有効求人倍率や失業率が改善していく。これらはアベノミクスが引き起こした円安とはまったく関係ない。

太　だから、アベノミクスの前後で有効求人倍率や失業率のグラフの傾きが全然変わらないということなんだね。

企業の倒産件数と自殺率の低下もアベノミクスとは関係ない

モ　ところで、アベノミクス前後で傾向が変わっていない数字は他にもある。ついでに見

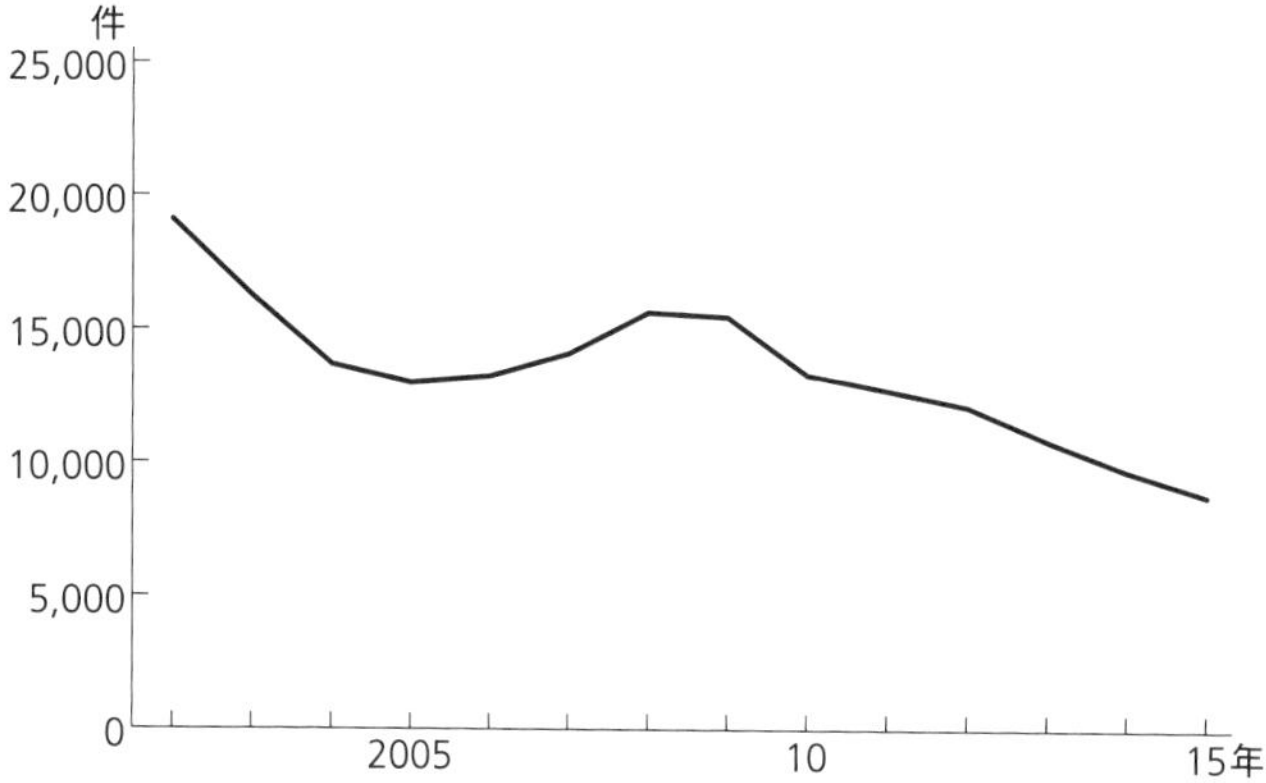

図5-12　全国企業倒産状況

資料：東京商工リサーチホームページ「倒産件数・負債額推移」

ておこう。例えば企業の倒産件数の推移だ。図5-12のグラフを見てごらん。

太　リーマンショックの時に件数が増えたけど、後はずっと減少傾向なんだね。アベノミクス前後で傾きに違いがあるようには見えないね。

モ　うん。次は自殺死亡率だ。警察庁が公表している**図5-13**のグラフを見てごらん。

太　２００９年からずっと低下が続いているんだね。アベノミクス前後で減少ペースに変化は見られないから、アベノミクスの影響で自殺が減ったとは言えないね。前からの傾向がそのまま続いてるだけだから。

モ　そう。いろんな数字が「アベノミクスのせいで良くなった」と言われているけど、鵜呑《うの》みにし

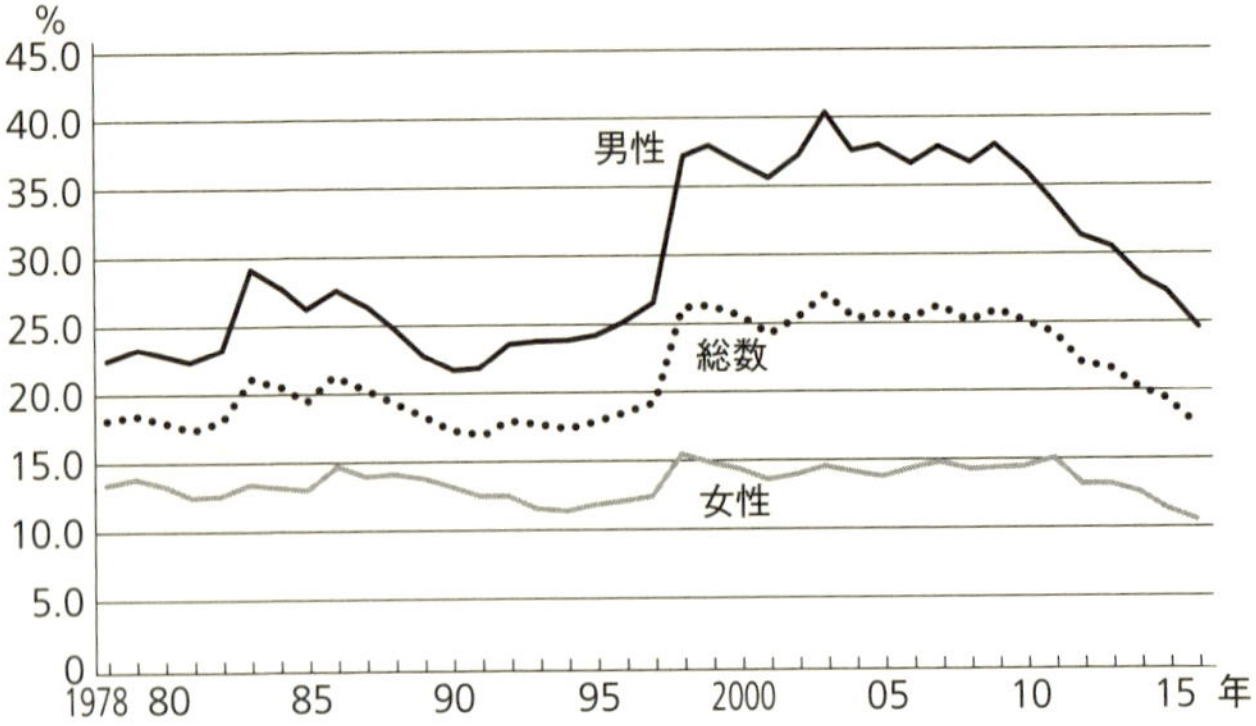

図5-13　総数及び男女別自殺死亡率の年次推移
「自殺死亡率」とは、人口10万人当たりの自殺者数をいう。
資料：平成29年3月23日付厚生労働省及び警察庁共同作成資料

てはいけない。アベノミクス前後で傾向に変化があったのかどうかを見極めなくてはならない。多くの場合、アベノミクスの前から改善傾向が続いている数字について、アベノミクスの「成果」とされてしまっている。他方、アベノミクスのせいで悪化した、と言われている数字についても、同様に鵜呑みにしてはいけない。例えば、非正規社員の増加はアベノミクス以前からずっと続いている傾向だ。だから、アベノミクスのせいで非正規社員が増えた、という見解は間違っている。

太　こうやってグラフ化して傾きに変化があるかどうかを見れば、それがわかるね。

モ　この本でやたらにグラフが出てくるのはそういう訳がある。では次に株価について見てみよう。

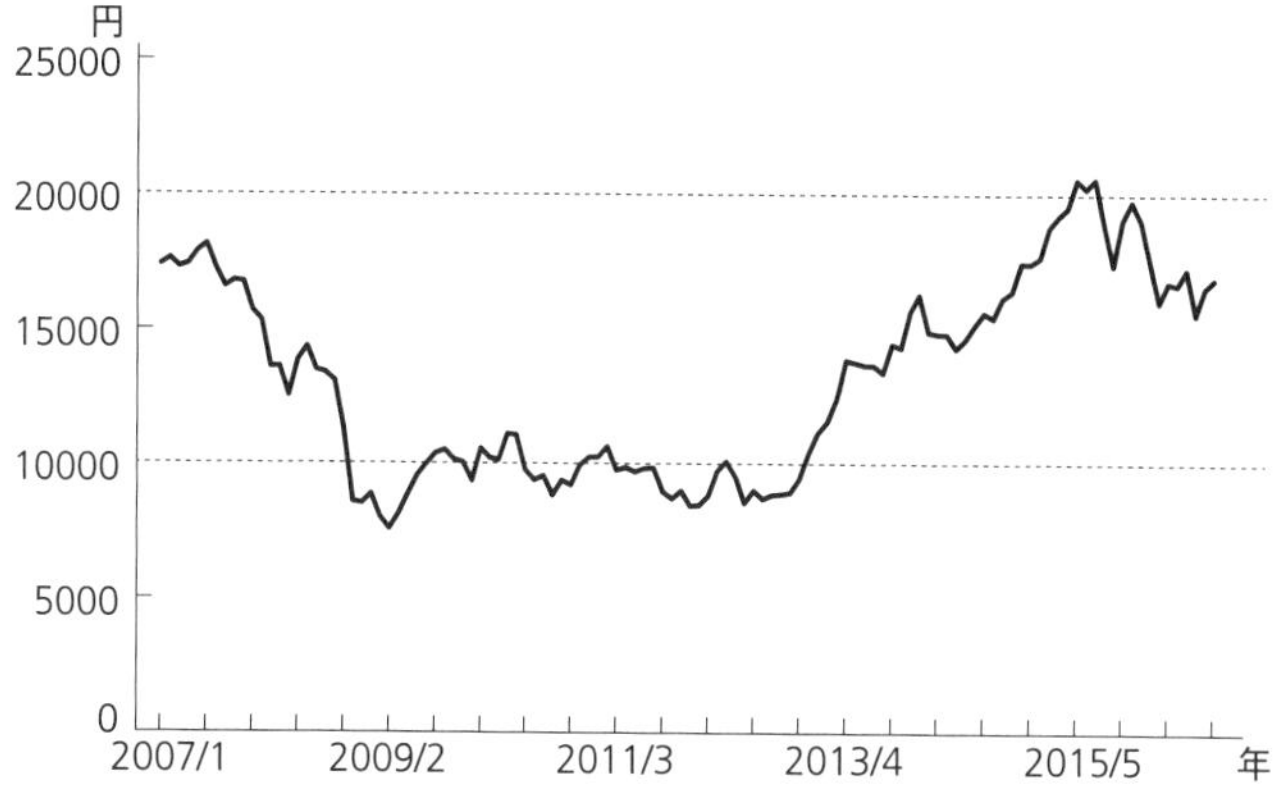

図5-14　日経平均株価（各月初終値）の推移

資料：日経平均プロフィルホームページ「ヒストリカルデータ」

量的金融緩和・年金・ETFで株価つり上げ

モ　では、アベノミクスで最も注目を浴びた株価について検証してみよう。まずは日経平均株価の推移の確認だ。日経平均株価とは、東京証券取引所第一部上場銘柄のうち、取引が活発な225銘柄の平均値のことだ。

太　日本の一部上場企業の全部の平均値ではないということだね。

モ　そう。ではその推移を見てみよう。**図5－14**のグラフだ。

太　2012年の末頃から、1万円を突破して、ピークの2015年の5月頃に2万円を突破しているんだね。アベノミクス前からすでに上昇し始めていたんじゃないの？

アベノミクスで株価が上がったでしょ
モゾ
民主党の時代とは比べものにならんよ
モゾ
日銀と年金でつり上げてるだけだろォォォー!

モ　そうだ。この株価上昇の要因は大きく分けて次の3つがある。

●量的金融緩和
●年金資金の投入
●日銀ETF

モ　では順に説明していこう。まずは量的金融緩和だ。第1章で説明したとおり、アベノミクスの量的金融緩和というのは、マネタリーベースを前例のない異常なペースで増加させるものだ。つまり、円がとてもたくさん民間銀行に供給される。そして、たくさん供給されるほど円の価値は下がると予想される。だから、円安が進む。円安になると、外国の投資家からすれば、日本株がお買い得になる。例えば、1ドル80円だったら、8000円の株を1株買うのに100ドル必要だ。ところが、1ドル100円だったら、8000円の株を買うのに80ドルで済むことになる。

太　20ドルも安くなったことになるね。そうか、円安というのは、外国投資家からすれば、株が安売りされているのと同じなんだな。

モ　そう。そして、円安になれば、輸出企業が為替差益で儲かると予想されるので、輸出関連企業の株がたくさん買われる。さらに、金融緩和というのは要するにお金があり余るような状態を作るものだから、だぶついたお金が投資に向かうことが予想される。つまり、株に投入されるお金が増えるので、株価は上がっていく……こんなふうに投資家が予想して、株をどんどん買っていく。

太　なんでアベノミクス開始前から上がり始めたの？

モ　安倍総理（当時は自民党総裁）が、2012年12月の総選挙の前から、金融緩和することを公言していたからさ。そして、選挙の前から自民党が勝つことは予想されていた。だからみんな株価が上がると思って、選挙の結果が出る前から株を買っていたんだ。海外投資家を中心にね。

2013年の株価上昇には海外投資家の動向が大きく影響している。それは、日本の主要な株式市場における海外投資家の「買い越し額」を見ればわかる。それが**図5-15**のグラフだ。ちなみに買い越し額というのは、株を買ったお金が売ったお金を上回った額のこ

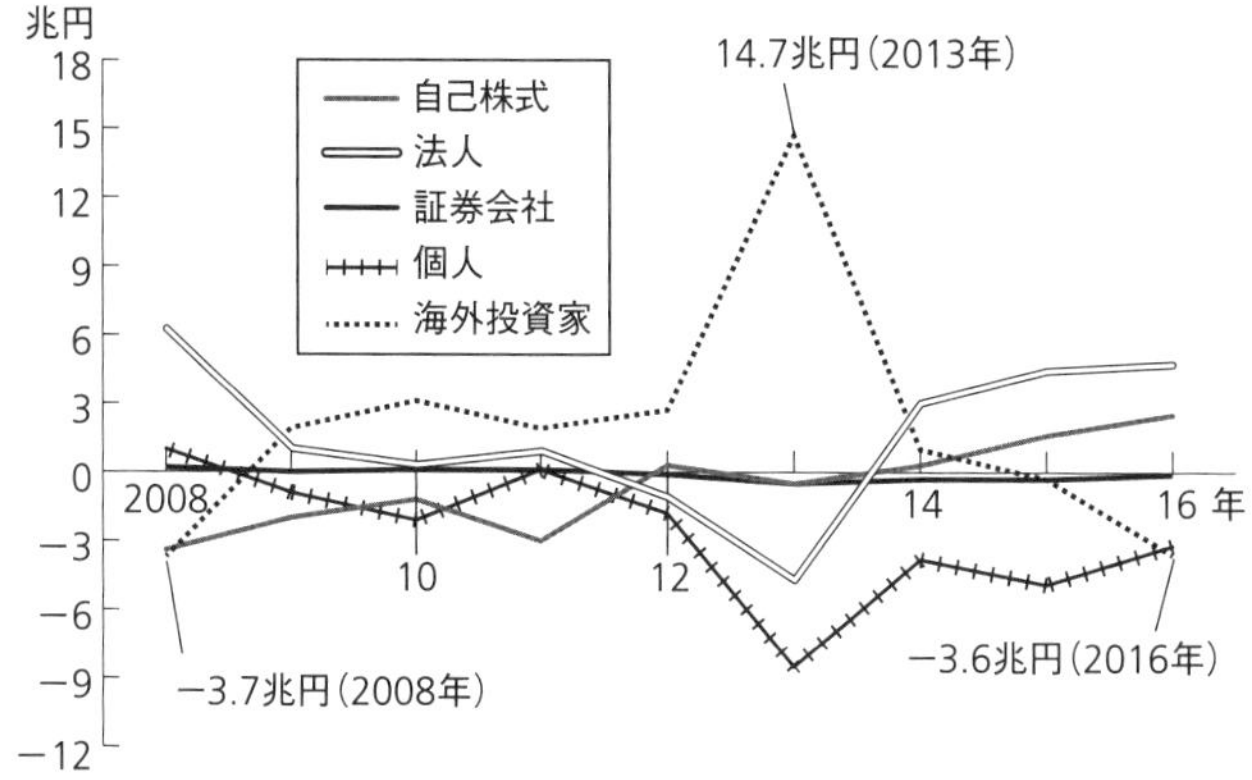

図5-15　買い越し金の推移

資料：日本取引所グループホームページ「投資部門別売買状況」

とだ（逆に株を売ったお金が買ったお金を上回ることを「売り越し」という）。買い越し額が大きくなるというのは、それだけ株がたくさん買われたということだから、株価上昇の原因になる。なお、外国投資家の売買合計額は、市場全体の6〜7割を占めている。だから、海外投資家の動向は日本の株価に大きく影響する。

太　うひゃ〜。2013年の海外投資家の買い越し額が桁違いだね。14・7兆円も買い越してる。……だけど、2014年以降になると急激に落ちて、2016年なんかマイナス3・6兆円になってるよ。これ、やばいんじゃないの？　売る方が多いってことだから株価は下がるはずだよね？　海外投資家の売買額が6〜7割占めてるんだから。

モ　そうなんだ。太郎、リーマンショックの起きた2008年の買い越し額を見てごらん。

太　あれ、マイナス3・7兆円……ということは、2016年の売り越し額って、リーマンショック時並だったってこと？　全体の売買額の6～7割を占める海外投資家がそれだけ売り越したのに、なんで株価があんまり下がってないんだろう？

モ　その秘密が公的資金の投入にある。まずはGPIF（年金積立金管理運用独立行政法人）の年金運用から説明しよう。GPIFというのは、国民が払った年金保険料のうち、余って積み立てている分を管理・運用している機関だよ。

年金を株に大量投入

モ　年金はね、働いている現役世代から取った年金保険料を、老後世代に支払うという仕組みになっている。これを賦課《ふか》方式というんだ。

太　今払っている年金保険料は、他人のために払っているということか。

モ　そう。老後世代を現役世代で支えているということだ。そして、現役世代が多いうちは、年金を支払っても余りが出る。それを、将来のために積み立てておく。ただ、単に積み立てておいても資産が増えないから、債券や株式に投資して増やそうとしているんだ。
この年金資金の運用は、被保険者の利益のために、長期的な観点から、安全かつ効率的に行うことにより、将来にわたって、年金事業の運営の安定に資することが求められている（厚生年金保険法第79条の2、国民年金法第75条）。

太　要するに短期的な利益を追いかけてリスクを取るようなことは法律に反するということだね。

モ　そのとおり。ここで、投資先の組み合わせのことをポートフォリオというんだけど、このポートフォリオも、「安全かつ効率的」な観点から決める必要がある。ＧＰＩＦの場合、ポートフォリオは、大きく分けて、国内債券、海外債券、国内株式、海外株式の４つで構成されている。

太　そうやって分散して投資することでリスクを下げているのかな。

モ　そのとおり。１つのものにだけ投資していると、それが失敗した場合に負うダメージが大きいからね。そして、当初このポートフォリオ作成の基本となった考えが、「国内債券と同じリスクで利益を得る」ということだった。

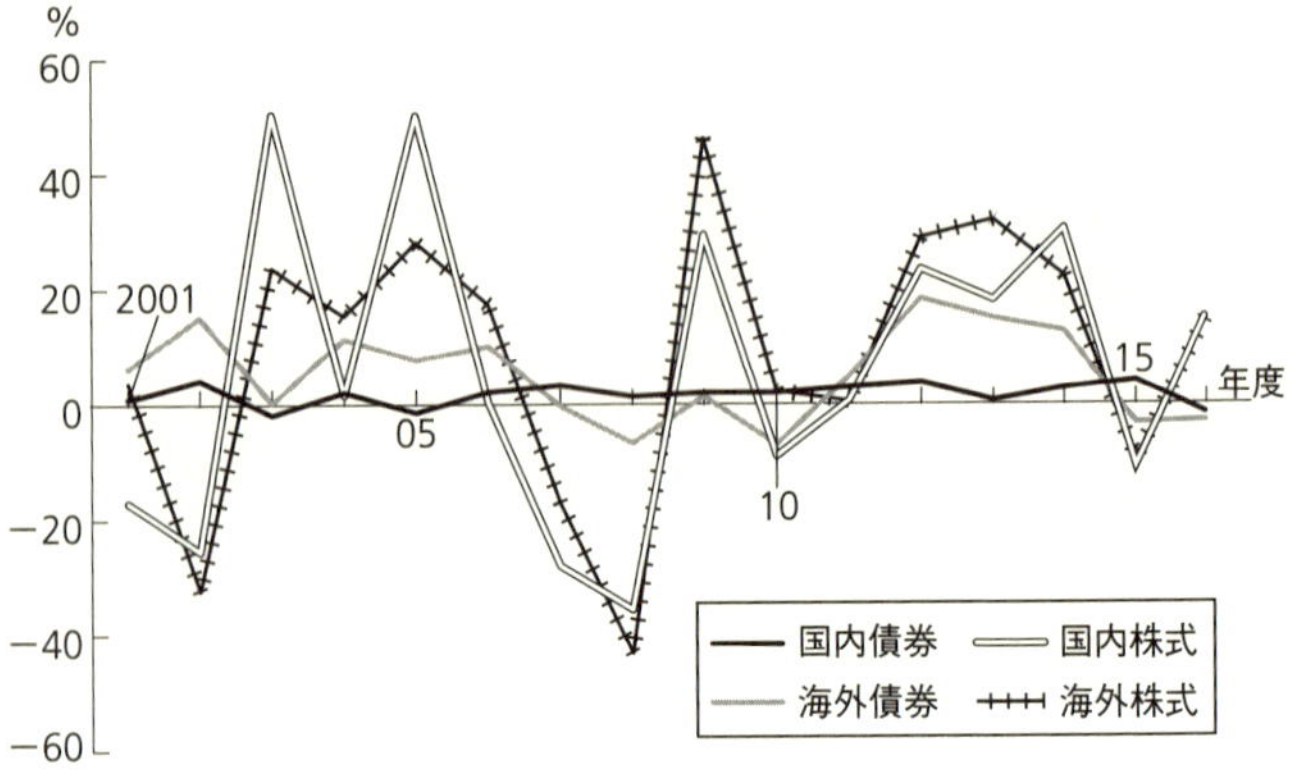

図5-16　各投資先収益率の推移

資料：GPIFホームページ「運用状況」

太　どういうこと？

モ　国内債券というのは国債が中心となる。国債は日本の借金のことだ。日本政府相手に金を貸すということだから、リスクは非常に少ないと考えられている。国は基本的に破産しないからね。その代わり、利益も少ない。お金を貸した利子で儲けるだけだからね。

太　例えば株だったら株価が上がった時に売ればボロ儲けできるけど、国債は基本的にそういうことがないということだな。

モ　そう。だが、株は逆に株価が下がった時は大損する危険性がある。**図5-16**のグラフを見てごらん。これはGPIFの投資先別の収益率を示したものだ。

		国内債券	国内株式	海外債券	海外株式	短期資産
基本ポートフォリオ	資産構成割合	67%	11%	8%	9%	5%
	乖離許容幅	±8%	±6%	±5%	±5%	-

図5-17　2006年第1期中期計画における基本ポートフォリオ

資料：GPIFホームページ「基本ポートフォリオの考え方」

		国内債券	国内株式	海外債券	海外株式	短期資産
基本ポートフォリオ	資産構成割合	60%	12%	11%	12%	5%
	乖離許容幅	±8%	±6%	±5%	±5%	-

図5-18　2013年6月に改定された基本ポートフォリオ

資料：GPIFホームページ「基本ポートフォリオの考え方」

		国内債券	国内株式	海外債券	海外株式
基本ポートフォリオ	資産構成割合	35%	25%	15%	25%
	乖離許容幅	±10%	±9%	±4%	±8%

図5-19　2014年10月に改定された基本ポートフォリオ

※「短期資産」は基本ポートフォリオから除外された。

資料：GPIFホームページ「基本ポートフォリオの考え方」

太　国内債券はほとんど上下がなくて、株式は国内も海外も物凄く上下しているね。全然違うんだな。海外債券は為替レートの変化も影響するから国内債券よりは上下があるけど、株式ほどではないね。

モ　そうだね。このように、債券と株だとそれぞれ一長一短がある。リスクを取るほど儲けは大きくなるが、その分失敗した時の損失が大きくなるということだ。そして、GPIFは当初、全額を国内債券で運用した場合と計算上同じリスクになるようなポートフォリオを組んでいたんだ。

太　安全な範囲で最大限儲けられるポートフォリオということだね。

モ　そう。そういった考えのもと、2006年にGPIFが設立された際に作成された当初のポートフォリオが**図5-17**の表だ。

太　ふ～ん。国内債券が67%か。ほとんど国債ということだね。安全運転ていう感じがするね。

モ　そして、2013年6月に基本ポートフォリオが改定された。それが**図5-18**の表だ。

太　国内債券が60%になって、他がその分ちょっと増えたのか。あんまり変わってないね。

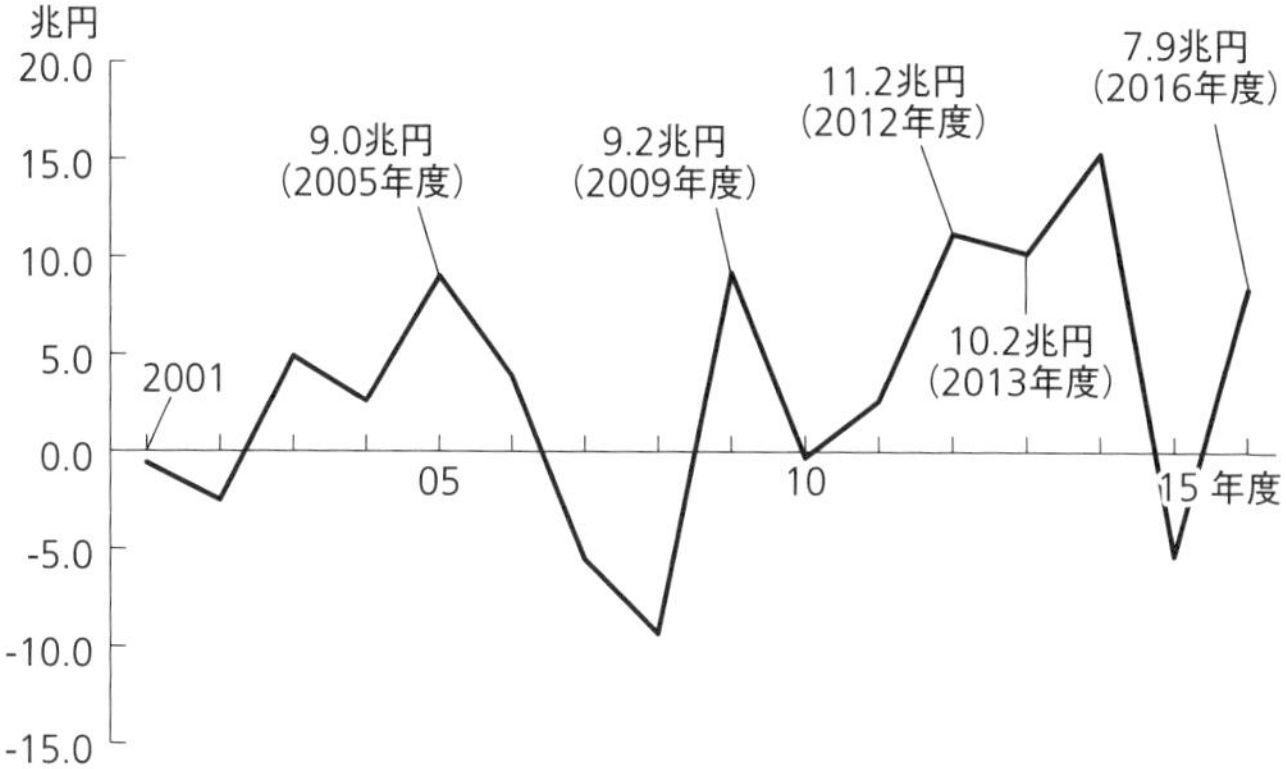

図5-20　GPIFの2001年度から2016年度までの運用収益の推移
資料：GPIFホームページ「運用状況」

国内株式なんか1%しか増えてないし。まだまだ安全運転て感じがするね。

モ　ところが、それからわずか約1年4カ月後の2014年10月、GPIFはポートフォリオを大幅に変更する。**図5-19**の表を見てごらん。

太　国内債券が60%から一気に35%まで下がってるね。他方で前回の変更では1%しか上がらなかった国内株式が一気に倍以上になってる。

モ　そうだね。国内株式だけじゃなく、海外株式も倍以上になってる。株式だけで50%を超えるということだ。

太　なんでこのタイミングでここまで激変させる必要があるのかな。「全部国内債券で運用した場合と同じリスク」よりはるかに大きなリスクになるよね。

モ　ここでGPIFの2001年度から2015年度までの運用成績の推移を見てみよう（※2006年度より前はGPIFの前身である年金資金運用基金の運用成績）。**図5‐20**のグラフだ。

太　今のポートフォリオになる前までは、過去14年度で5回マイナスになっただけで、後は全部プラスなんだね。2001〜14年度の累計だと約50兆円の儲けが出ているから、ポートフォリオ変更前でもまあまあうまくいってたんじゃん。

で、ポートフォリオを変えたとたんに大損害……2015年度は前年度比でいうと運用開始から最大の落ち幅だね。こりゃあひどい。その後2016年度で約7・9兆円の利益を出して盛り返しているけど、これだけではポートフォリオを変更してよかったとは言えないよね。だって以前のポートフォリオだと、2016年度の利益である7・9兆円を超えた年が4回もあるし（2005年度9・0兆円、2009年度9・2兆円、2012年度11・2兆円、2013年度10・2兆円）。これじゃあポートフォリオを変える必要なかったんじゃないの？　前のポートフォリオでちゃんと利益出てたんだから。

モ　そのとおりだ。GPIF問題になると必ず政府側は「今まではきちんと利益を出している。損害が出た時だけ批判しないで長期的な目で見てほしい」というような説明をする。しかし、これに対しては、「今まで利益が出ていたなら、ポートフォリオを変えて大きなリスクを取る必要はなかったのではないか」と反論できるだろう。

太　そうだよね。法律的にも「長期的な観点から、安全かつ効率的に行うことにより、将来にわたって、年金事業の運営の安定に資すること」が求められているんだからね。でもさあ、国債中心に運用してたらあんまり儲からないだろうから、株式の割合を増やすのはそんなに悪いことなの？

モ　そこは考えが分かれるところだ。確かに国債の利息は、金融緩和の影響でどんどん下がってしまっている。だから、国債中心だと行き詰まってしまうというのはそのとおりだ。だが、株式の割合を増やすとしても、その半分を国内株式にする必要はないんじゃないかな。

楽天証券の調査によれば、2015年2月末現在の数字で見ると、日本の東京証券取引所の時価総額は世界の株式市場の約7％を占めるにすぎない。

太　その割合からすると、GPIFが日本株に25％も投資しているのは違和感があるね。

モ　そうなんだ。日本の機関投資家だからといって日本株を購入しなければならない必然性はないからね。これほど日本株に投資してしまえば、日本株が下落した時のリスクが大きくなるし、GPIFの日本市場への影響力が大きくなりすぎる。

太　GPIFがたくさん買ったり売ったりすることで株価が上下するということだね。市場が歪《ゆが》むね。

モ　そう。そして現にGPIFが大量に株を購入した影響で日本の株価は上昇した。そして下落したから、GPIFは2015年に大損失を被った。

太　何かそれって自分で損失生んでるよね。それで損した分は誰の懐に入っているの？

モ　主に外国の投資家さ。さっきも見たとおり、海外投資家が総売買高に占める割合は6～7割だからね。君たちが積み立てた年金は外国人の手に渡っているということだよ。

太　超むかつくんですけど。一体なんで2014年10月の時点でいきなりポートフォリオを激変させたんだろう。

モ　それは大きな疑問点だね。第3章の図3－3で見たとおり、GPIFが大幅にポートフォリオを変更した2014年度の日本経済は、アベノミクス開始以降で最悪の年だった。

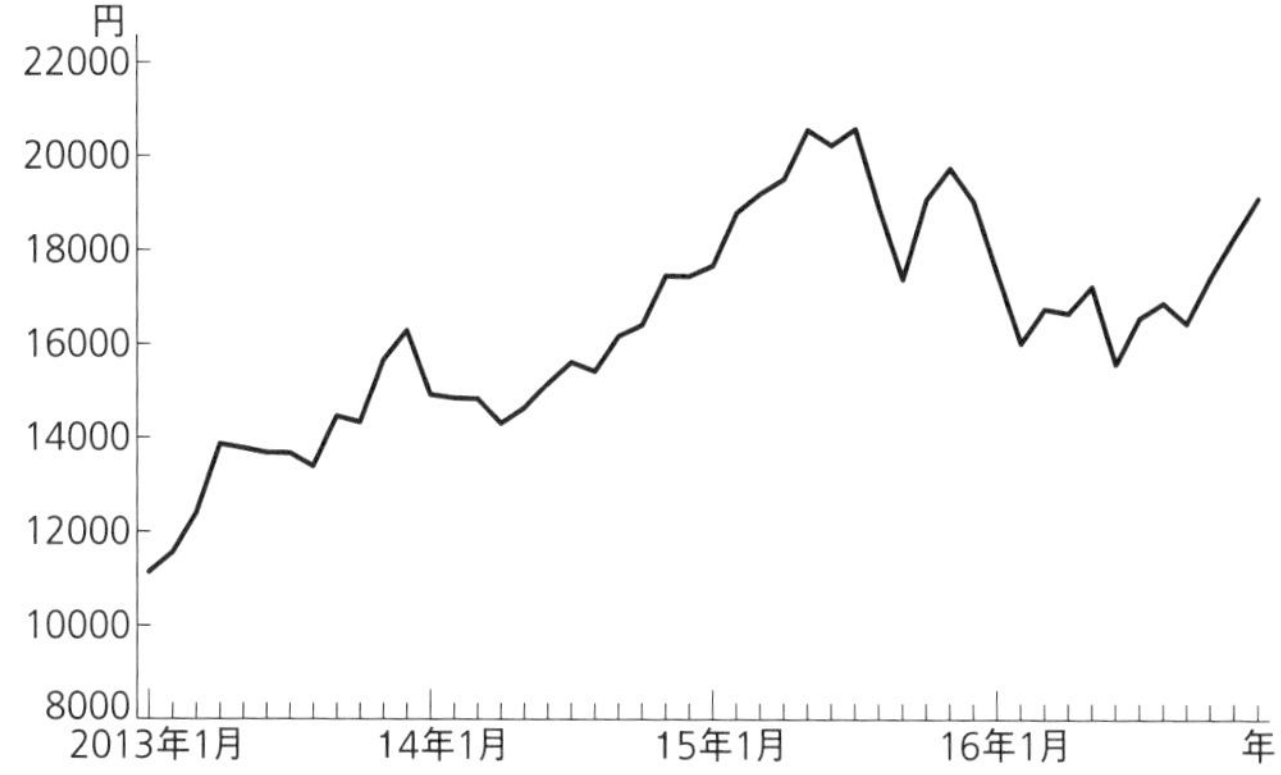

図5-21　日経平均株価（各月初終値）の推移

資料：日経平均プロフィルホームページ「ヒストリカルデータ」

実質民間最終消費支出はリーマンショック時を超える落ち込みを記録し、それが大きく影響して実質ＧＤＰは前年度比マイナスになった。

太　そんなに日本の景気が絶不調の時に、日本株の運用を倍以上にするなんて信じられないね。

モ　そして、ＧＰＩＦがポートフォリオを激変させた２０１４年10月、日銀も同じタイミングでサプライズの追加金融緩和を行っている。これで円安が進み、株価も上昇した。２０１３年１月から２０１６年12月までの日経平均株価の推移は**図5-21**のグラフのとおりだ。

太　２０１４年は実質ＧＤＰ前年比マイナスの年だったのに株価は上昇しているんだね。これおかしいよね。

モ　うん。追加の金融緩和と年金投入で、投資家たちが「株価が上がる」と予想したから上昇した、と見るべきだろう。実体経済の動向が反映されているとは言えないね。ちなみに、２０１４年の年末には総選挙があったね。

太　ひょっとしてさあ、２０１４年12月の総選挙に合わせてＧＰＩＦのポートフォリオ変更と追加金融緩和したんじゃないの？　それがなければここまで株価は上がらないでしょ？　タイミング良すぎじゃん。

モ　さあ、それはどうだろうね。ただ、株価が上がっていると、なんだか景気が良いような気分になるのは確かだよね。株価は毎日報道される数字だから一番目立つからね。さて、ここでＧＰＩＦの国内株式運用額と構成比の推移を、**図５－22**のグラフに示したので見てみよう。

太　うわ〜。２０１４年度に一気に10兆円以上も上がってるね。こりゃあ株価が上がるわけだ。２０１５年度にいったん下がったけど、２０１６年度はまた上がってるね。

モ　２０１５年度に下がったのは、株価が下がったからだね。それに伴って構成比も下がっている。

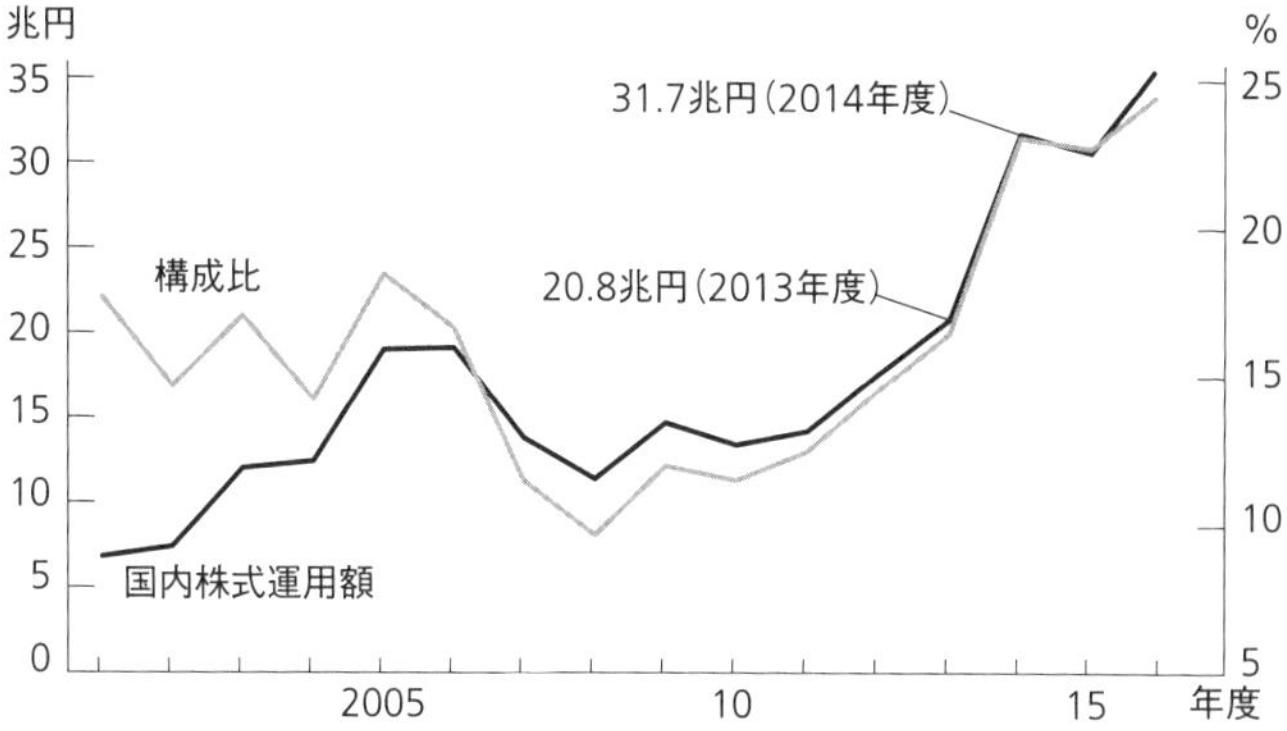

図5-22　GPIFの国内株式運用額と構成比の推移

左側縦軸の目盛りが運用額、右側縦軸の目盛りが構成比を表す。
資料：GPIFホームページ「運用状況」

太　国内株式の構成比が下がるってことは……ポートフォリオに定めた国内株保有上限の25％までの余裕ができるってことだよね。じゃあ、株価が下がれば下がるほど、新たに株を買い増す余裕が増えることにならない？

モ　うん。そういうことになっちゃうんだよね。そういう点から考えてもGPIFの国内株式運用は株価を下支えする効果がある。

太　それ、投資家からすれば、いったん株価が下がっても「またGPIFが買うから大丈夫」っていう安心感につながるよね。すごい株価維持効果があると思うんだけど。

モ　そうだね。ちなみに、国内株式の構成比はプラスマイナス9％までのかい離を許容されている。

つまり、25%まで買い増した後になって株価が上がり、それによって構成比が34%になっても許容されるということだ。

そして、公的資金はＧＰＩＦだけじゃない。もう一つ大きいのが日銀の「ＥＴＦ」の購入だ。ＥＴＦというのは、「上場投資信託（Exchange Traded Fund）」の略称だ。これは、自分で株を購入するんじゃなくて、投資信託会社にお金を預けて、上場企業の株式に投資してもらい、その運用益をもらうものだ。

太　投資するお金を、信じて託すから投資信託、ということね。お金は持っているけど、自分で運用するのはちょっと……という場合に打ってつけだね。

モ　そう。そして、日銀のＥＴＦの運用は、日経平均株価やＴＯＰＩＸ《トピックス》などに連動するようになされる。ＴＯＰＩＸというのは、「Tokyo Stock Price Index（東証株価指数）」の略称だ。これは、１９６８年1月4日時点の東証一部上場企業の時価総額を１００とした指数のことだ。

太　うん。なんだかややこしい言葉が出てきたけど、それって要するに市場の平均値に連動するように運用するってことだよね。

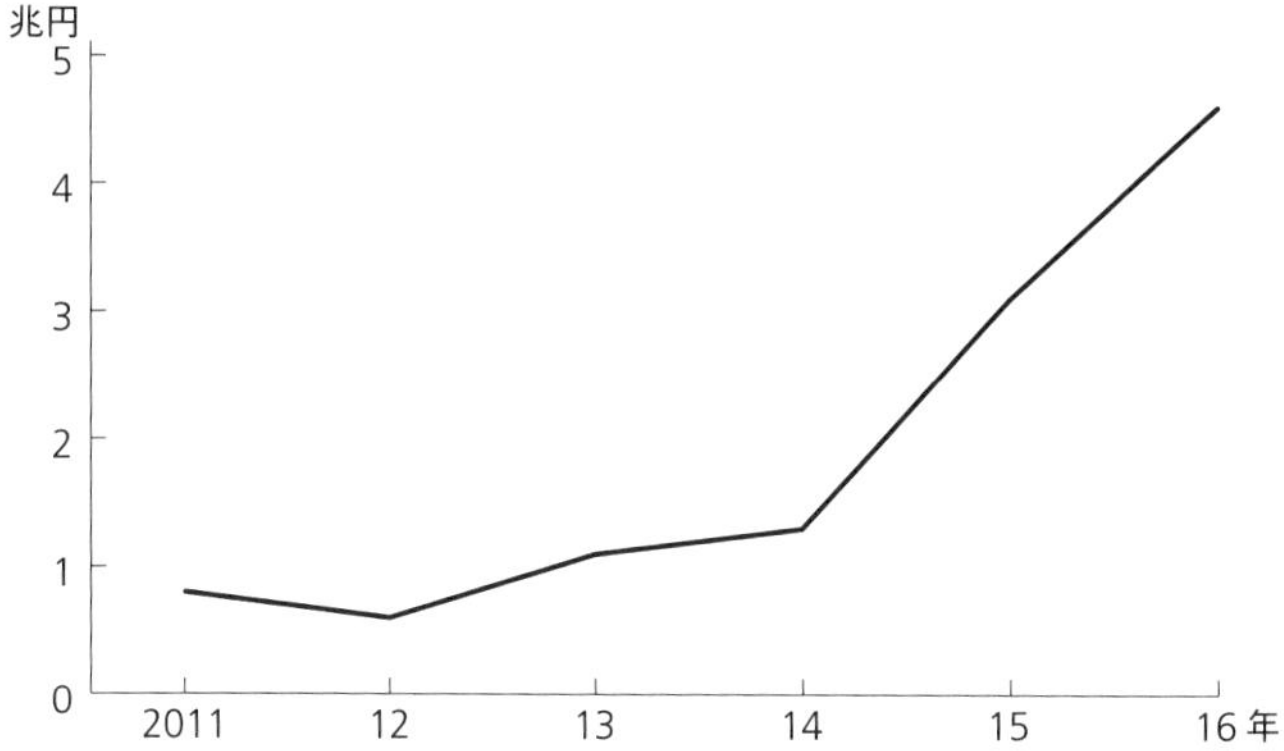

図5-23　日銀ETF購入額

資料：日本銀行ホームページ「指数連動型上場投資信託受益権（ETF）および不動産投資法人投資口（J-REIT）の買入結果」

モ　そう。平均値に近くなるように、各銘柄の割合をうまい具合に配分して、投資信託会社が株を購入する。だから、個々の会社の業績を吟味して株を買うわけじゃない。広く浅く買うって感じだね。普通に株を購入するよりはリスクが少ないと言えるんじゃないかな。このＥＴＦをたくさん買えば買うほど、株式市場にお金が供給されるということだ。そして、日銀はＥＴＦの購入額を公表している。**図5－23**のグラフを見てごらん。

太　右肩上がりに超増えてるじゃん。

モ　そう。ところで、２０１５年４月23日付のみずほ総合研究所の報告書に興味深いことが書かれている。一部引用しよう。

２０１４年11月から２０１５年３月までに日銀がＥＴＦの買入れを実施した営業日数は33営業日に上るが、２営業日を除き、日経平均株価の前場終値が前日の終値を下回っている日に購入されている。日経平均株価の前場終値が前日終値を下回った営業日を集計すると、７割以上の営業日で日銀はＥＴＦを買い入れている。さらに、そのうち約６割で後場にかけて日経平均株価は持ち直しており、市場の期待も加わって、日銀のＥＴＦ購入が日本株の下落局面で下値を支えていることがうかがえる。

太　株価が下がった時だけ購入してるってこと？　露骨すぎじゃん。株価が下がるのを防ぎたいだけだよね。

モ　そうだね。そして、日銀がＥＴＦを購入した日の６割で日経平均株価が持ち直しているっていうんだから、かなり下支え効果は高い。持ち直さなかった日だって、下落幅を抑える効果はあっただろうからね。この報告は２０１５年のものだが、２０１６年はさらに購入金額が増えているから、それだけ下支え効果も増しただろう。

太　でもさあ、いくらＧＰＩＦや日銀がいっぱいお金を使ったって、総売買高からすれば

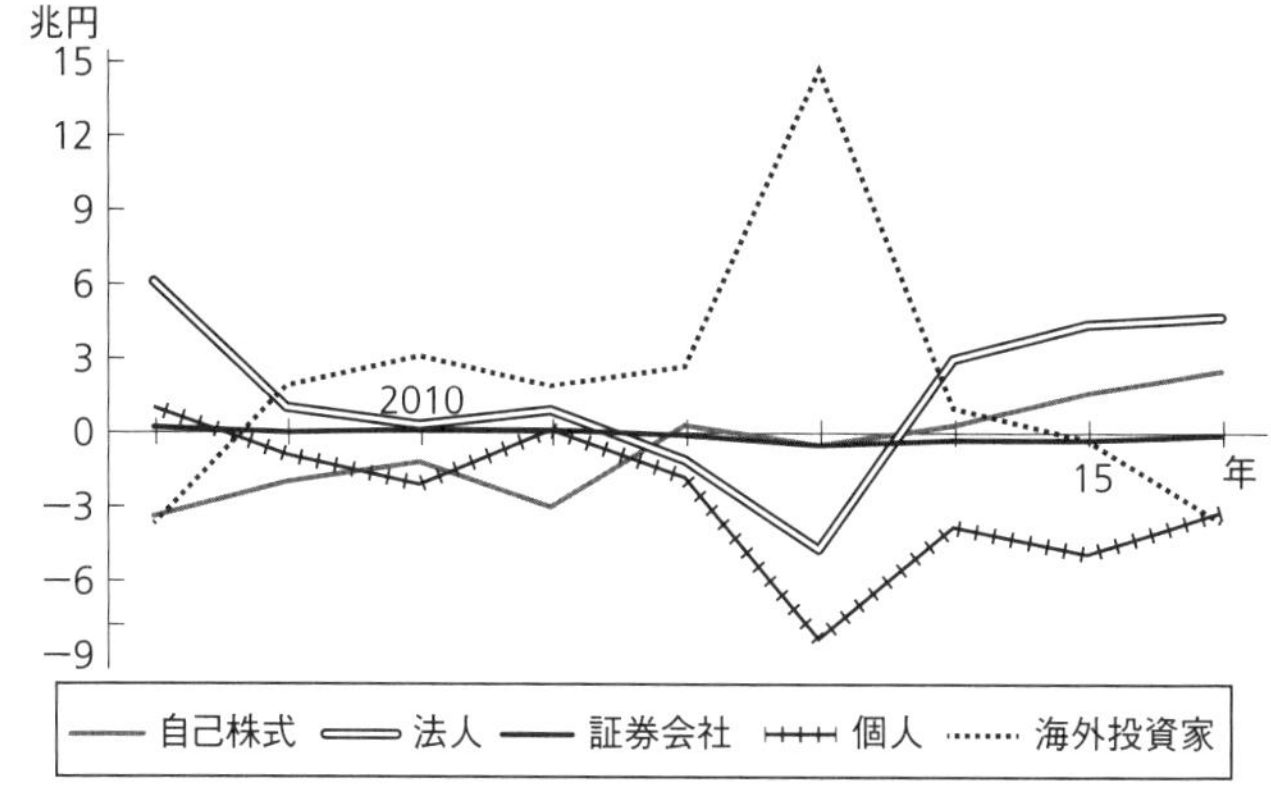

図5-24　投資部門別買い越し金の推移
資料:日本取引所グループホームページ「投資部門別売買状況」

大したことないんじゃないの？

モ　うん。投入額自体の全体に対する比率は大したことはない。ただ、「公的資金が投入されるから株が上がるかもしれない」と期待して株を買う人は増えるだろう。つまり、公的資金の投入が呼び水となって、より大きなお金を呼び込むということさ。だからさっきの報告書にもあったとおり、現に株価が回復する効果が出ている。

太　ふ〜ん。2016年は海外投資家にリーマンショック並の売り越しをされたのに、株価が大して下がらなかったのは、そうやって公的資金を投入しているのが影響しているのか。

モ　そうだね。ここでもう一度、投資部門別買い越し額の推移を見てみよう。**図5－24**のグラフだ。

モ　２０１４〜16年にかけて、買い越し額のトップが「法人」なのがわかるでしょ。ＧＰＩＦも日銀もこの「法人」に含まれるからね。

太　ほんとだ。これ、ＧＰＩＦも日銀もいなかったら、多分買い越しになってないよね。

モ　そうだね。ところで、ＧＰＩＦは株式への資金投入について批判も浴びているし、構成割合の上限もあるけど、日銀はそうではない。国民のお金を運用しているわけではないし、通貨発行機関だからいくらでも買い増しができてしまう。そこに味を占めたのか、年々ＥＴＦの買い入れ額が増え続けているね。

太　まとめると、日銀（量的金融緩和・ＥＴＦ購入）とＧＰＩＦ（年金）のおかげで株価が維持されているということか。これ全部やめたらどうなるんだろ？

モ　大暴落するんじゃないかな。それがわかっているから、やめられない。でも、さすがにいつまでも続けることはできないだろう。

太　大暴落したら年金吹っ飛んじゃうじゃん。

モ　そうだね。ＧＰＩＦは２０１６年度に関しては７・９兆円という大きな利益を出した。だけど、そうやって短期的に利益を出した事実は、長い目で見た場合、重視すべきではない。まず、大きな利益を出したといっても、それは「含み益」であるという点が重要だ。ここで、売ろうとする時点の株価から、買った時点の株価を引いた額がプラスになれば「含み益」、マイナスになれば「含み損」という。つまり、含み益というのは「もし今売ったらこれだけ儲かる」という仮定の利益に過ぎない。GPIFは現実に株を売って現金を手にしたわけではない。

太　そうなんだ。7・9兆円の現金を手にしたわけじゃないのね。たくさん日本株を持っているGPIFが株を売りに走ったら、株価が暴落するんじゃないの?

モ　そう。だから含み益がたくさん出たとしても、うかつには売れない状態になる。したがって株を持ったままになり、利益を確定させることができない。そして、さっきも言ったとおり、いつか量的緩和と公的資金投入（日銀とGPIF）をやめた時に株価が暴落する可能性が高い。

太　利益を出したといってもしょせん仮定の利益に過ぎないし、そのまま株を持っていても、やがて暴落して大きく損失を被ることが待っているということか。そう考えると確かに意味ないね。それ、結局ほぼ間違いなく年金吹っ飛ぶってことじゃん。

モ　そうだね。ＧＰＩＦはあまりにも資産運用規模が大きいから、市場への影響を考えると「買ったら最後、売れない」という状態になってしまう。もう引き返すことはできない。

太　なんかアベノミクスって、目立つとこだけ良く見せてない？

モ　そう。株価は毎日報道されるから一番目立つ。その数字が良ければ景気が良くなったように錯覚してしまう。ＧＤＰなんて株価ほどには頻繁に報道されないからね。

太　このまま量的緩和と公的資金の投入を続けたら、どうなるんだろう？

モ　前代未聞のことをやっているから、確実に未来を予測することは誰にもできない。ただ、こんな都合のよい株価維持を永遠に続けられるはずはない。僕はいつか株価が大暴落する日が来るんじゃないかと思っているよ。

アベノミクスで恩恵を受けたはずの製造業でも実質賃金が低下

太　でも、アベノミクスで輸出は伸びたんでしょ。それはアベノミクスの成果って言えるんじゃないの？

モ　そうだね。輸出の推移を示した**図5-25**のグラフを見てみよう。

©『ブラックジャックによろしく』佐藤秀峰

太　やっぱりアベノミクス以降で伸びてるね。２０１６年は下がっているけど。

モ　２０１６年に下がったのは円高になったからだ。この名目輸出の推移は為替レートと見事に連動している。改めて為替レートを見てみよう。**図５－26**のグラフだ。

太　ほんとだ。円安のピークだった２０１５年に、輸出額もピークを迎えていて、そこから円高になった２０１６年にかけて、輸出も落ちてる。でもまあこれだけ伸びたんだから、少なくとも製造業の労働者は恩恵を受けたんじゃないの？

モ　それがそうでもない。**図５－27**のグラフに示した、製造業の実質賃金の推移（暦年）を見てごらん。

太　うわ、アベノミクス前よりはるかに落ちてるじゃん。アベノミクス以降だと一番低いのは２０１５年の98・８か。アベノミクス前の２０１２年の１０２・１と比べると３・３ポイントも落ちてるんだね。

モ　製造業の名目賃金自体は２０１３～15年までの３年間で１・５ポイント伸びていて、全体の平均を大きく上回っている（名目賃金の全体平均は、暦年データで見ると、２０１３～15年の間に０・１ポイントしか伸びていない）。でも、他方で物価が４・９ポイント（２０１０年を１００

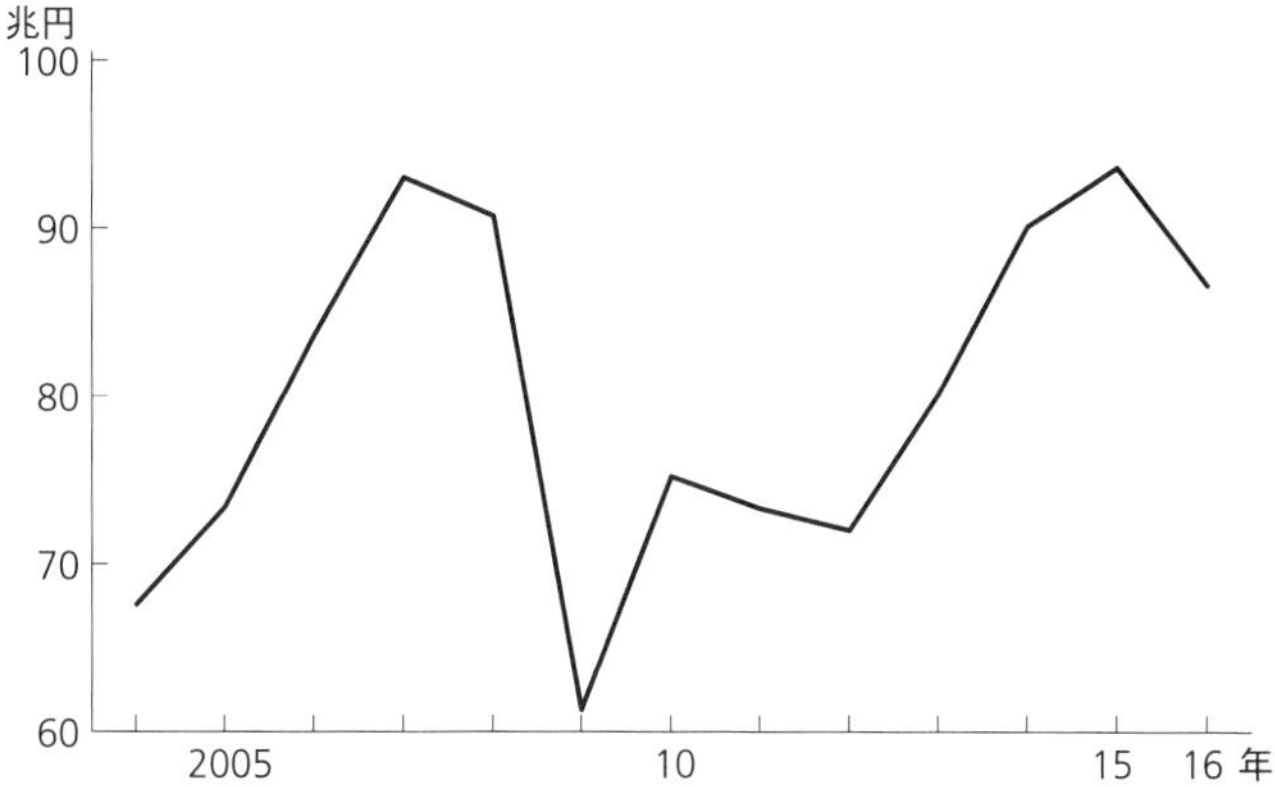

図5-25　名目輸出の推移
資料:内閣府ホームページ「国民経済計算(GDP統計)」

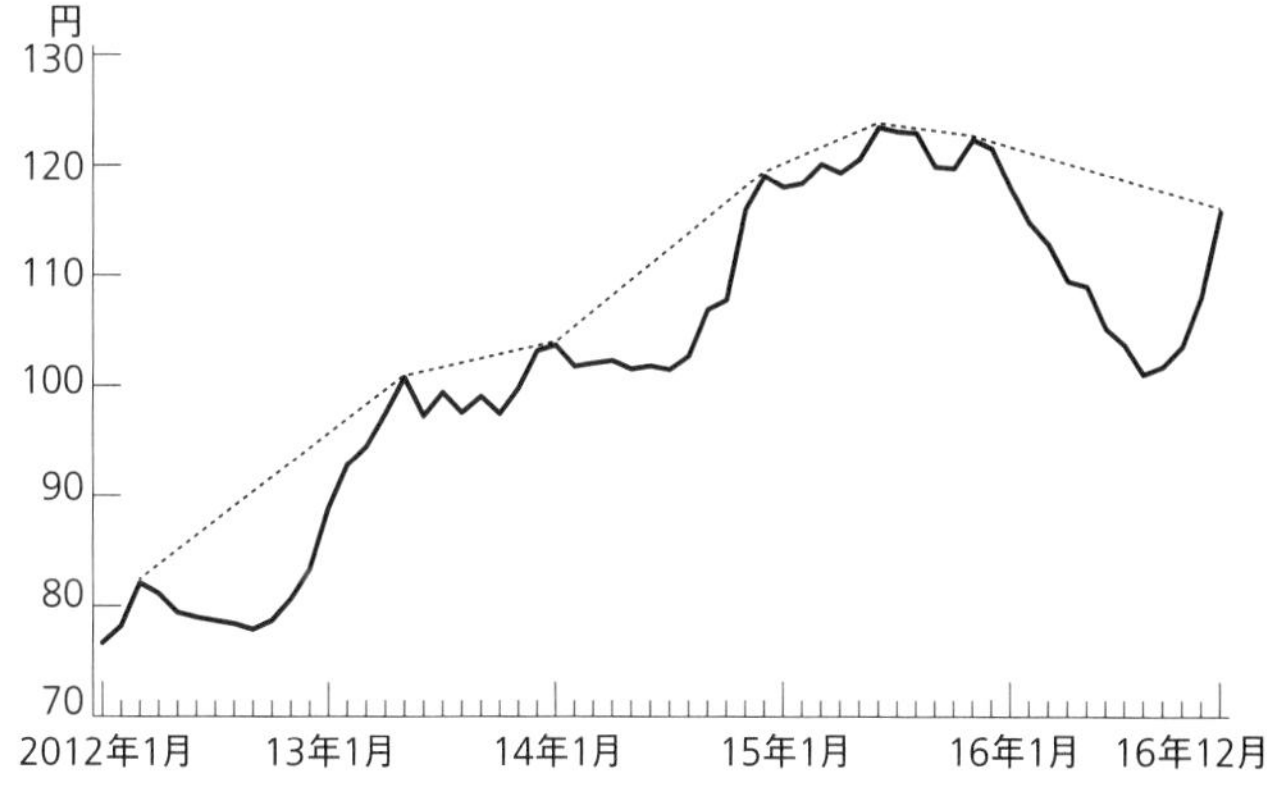

図5-26　東京市場 ドル・円 スポット17時時点／月中平均
資料:日本銀行ホームページ「外国為替市況」

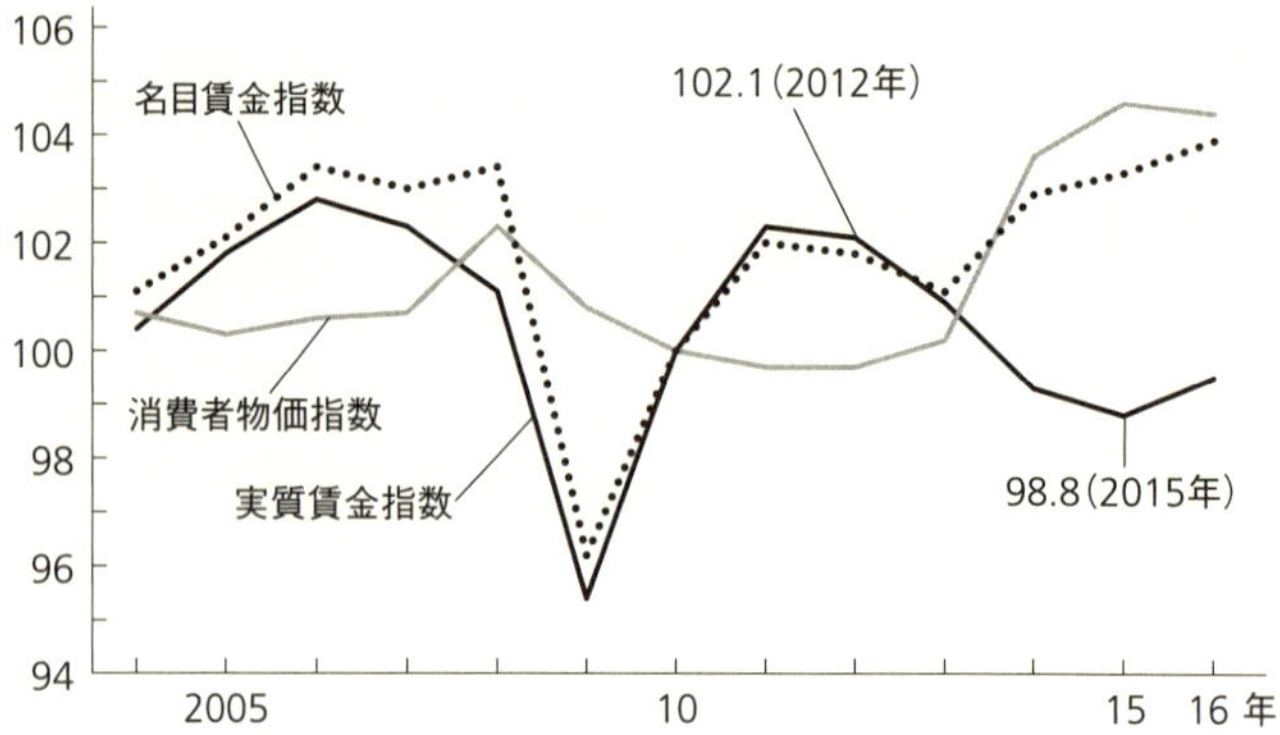

図5-27　製造業の賃金指数と消費者物価指数の推移
2010年＝100とする指数。
資料：厚生労働省ホームページ「毎月勤労統計調査」、総務省統計局「消費者物価指数」

とする「暦年」データ。これと「年度」データを混同しないよう注意）も伸びてしまったから、実質賃金が下がったんだ。グラフを見ても、名目賃金の伸びを物価の伸びが上回っているのがはっきりわかる。

２０１６年には少し回復しているけど、これは円高になって物価が下がったのが影響している。それまでのペースで円安が進み、物価が上がり続けていたら、こうはなっていないだろう。

太　結局、円安の恩恵を一番受けたはずの製造業ですら実質賃金が下がっているんだったら、ほとんどの日本人はアベノミクスで全然得していないんじゃないの？

モ　そうだろうね。製造業の実質賃金が伸びて、それが国内消費に波及すれば良かったかもしれな

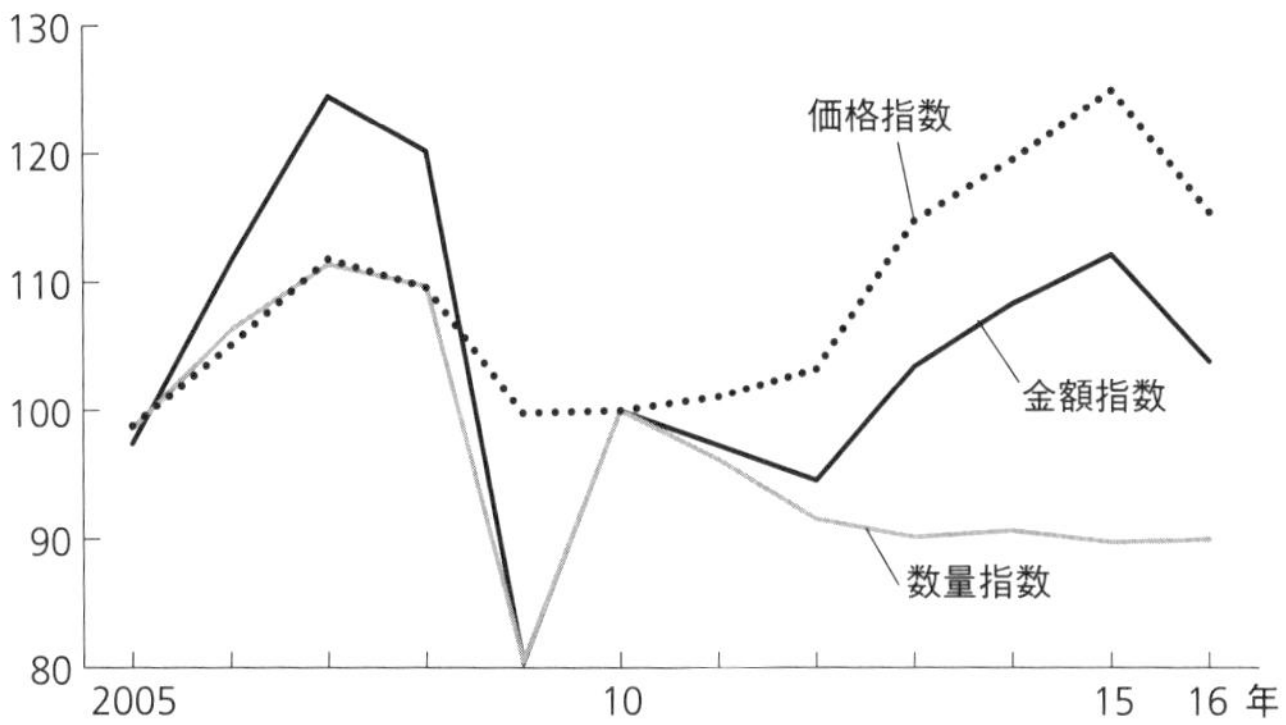

図5-28　輸出金額・価格・数量指数の推移
2010年＝100とする指数。
資料：財務省ホームページ「貿易統計」

いが、下がってしまったから、波及効果はなかった。ちなみに、直近2016年の名目GDPで言うと、輸出の対名目GDP比は約16％。これに対して民間最終消費支出の対名目GDP比は約56％だ。

太　国内消費は輸出の優に3倍を超えるということだね。アベノミクスは輸出を伸ばしたけど、最も伸ばすべき国内消費は冷え込ませてしまったということか。それじゃあ全然意味ないじゃん。前菜に気合い入れすぎて、メインディッシュをしょぼくしちゃったみたいな感じ。

モ　まあそんな感じだね。そして、**図5－28**のグラフを見ると興味深い事実がわかる。これは、「輸出金額指数」「輸出価格指数」「輸出数量指数」の推移を示すものだ。輸出金額とは輸出した物の合計額、輸出価格とは輸出した物の単価、輸出数量というのは輸出した物の量のことだ。

太 あれ、輸出の金額と価格は伸びているけど、数量は全然伸びてないじゃん。むしろアベノミクス前より落ちてるよ。

モ そう。輸出が伸びたとはいっても、数量が伸びたわけではないんだ。円安で価格が上がっただけなんだよ。よく「円安になると、海外で日本の商品を安く売ることができるから、たくさん日本の商品が売れる」という説明を聞くけど、これを見る限りその現象は起きてない。為替差益で儲かっているだけだ。

つまり、例えば1万ドルで売っていた物を9000ドルに値下げすることはせず、そのまま1万ドルで売っているということさ。1ドル80円なら、1万ドルのものは80万円。他方、1ドル120円なら、1万ドルの商品は120万円。円安になっただけで、40万円も利益が増えたことになる。

太 なんかそれすっげー楽だね。今までと違う創意工夫をしたわけじゃないのにそんなに儲かるのね。一番大事な国内消費を犠牲にして得たものはそれなんだね。

モ　うん。しかも、こうやって数量が増えていないということは、例えば海外から原材料を輸入して加工し、それを国内の輸出企業に売っている会社は全然儲かっていないんじゃないかな。取引が増えるわけじゃないからね。むしろ原材料費が高騰してかなり苦しい思いをしたと思う。

太　そうか。最後に海外へ商品を売る会社は為替効果で儲かるけど、国内だけで取引が完結してしまうような会社はそうじゃないもんね。同じ製造業でもそういう違いは出るだろうな。

モ　そうだね。円安による輸出の伸びで恩恵を受けたのは一部の会社だけだろう。その一部の利益と引き換えに国内需要が犠牲になってしまったということさ。

「円安は良いことで、円高は悪いこと」というイメージをみんな持っている気がするけど、そうではない。円安も円高も双方メリットとデメリットがある。そして、はっきり言えるのは、円安も円高も行き過ぎると害があるから、ちょうど良いところでバランスを取らないといけない。だが、アベノミクスは明らかに行き過ぎた円安を引き起こし、賃金上昇を伴わない悪性インフレを招いて国内需要を冷え込ませ、経済を停滞させたと言えるだろうね。

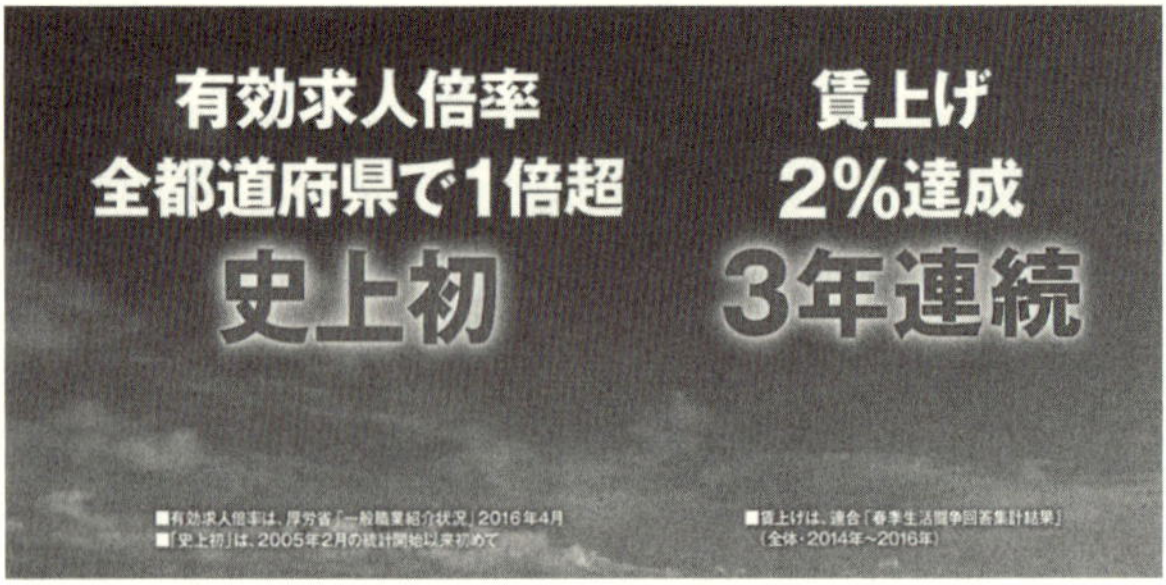

図5-29　2016年の参院選で流れた自民党のテレビCM

太　輸出は伸びたけど犠牲にしたものが大きすぎるね。

モ　そうだね。次は春闘《しゅんとう》での賃上げについて見てみよう。

賃上げ2％を達成できたのは少数

モ　春闘というのは、毎年春（2月）頃から行われる賃金引き上げなどの労働条件の改善を求める労働運動のことだ。

太　2016年の参議院選の時に流れた自民党のテレビCMで「3年連続2％の賃上げ達成」ってアピールしてたよね。

モ　**図5-29**のことね。

太　そう。これこれ。

モ　右下を見ると、小さい字で『連合「春季生活闘争回答集計結果」』って書いてあるから、これは連合が集計

3年連続
賃上げ2％
達成……
まさに
アベノミクスの
成果
賃上げ2％
達成できたのは
全労働者の
たった
5％だよ！

した春闘の回答結果を基にしているね。連合というのは、日本労働組合総連合会の略だ。連合は、日本の労働組合のナショナルセンター（全国中央組織）のうち、最も規模が大きい組織だ。

さて、このＣＭが流れたのは２０１６年の６月頃だ。そして、同年６月３日に出された連合のプレスリリースを見てみると、２％賃上げの対象となった組合員数は２６２万６５７人と書いてある。他方、同年５月末時点での役員を除く雇用者数は５３８５万人だ。

太　そうすると……２％賃上げを達成できた労働者は、全体のわずか５％に過ぎないということ？　それじゃあ統計的に見て、ほとんどの人に関係ないじゃん。

モ　そう。賃上げを達成できた人の割合は、統計上わずか５％しかないので、全体に及ぼす影響は極めて小さい。第３章で見たとおり、名目賃金は２０１３〜15年度までの間に０・５％しか伸びず（56ページ参照）、物価の伸びに全然追いつかなかった。だから実質賃金が大きく下がってしまった。

太　なんかこのＣＭのアピールの仕方って誤解を誘ってない？　これじゃあ労働者の大半が賃上げ２％達成したみたいに見えるじゃん。

企業規模	労働組合員数（単位:千人）				雇用者数（単位:万人）	推定組織率（%）
		対前年差（単位:千人）	対前年増減率（%）	構成比（%）		
計	8,491	87	1.0	100.0	5,234	16.2
1000人以上	5,517	64	1.2	65.0	1,244	44.3
300〜999人	1,160	3	0.3	13.7	1,456	12.2
100〜299人	610	−6	−0.9	7.2		
30〜99人	196	−5	−2.4	2.3	2,456	0.9
29人以下	28	−1	−3.9	0.3		
その他	981	32	3.3	11.6	-	-

図5-30　民営企業の労働組合の組合員数および推定組織率（2016年調査）
資料:厚生労働省ホームページ「労働組合基礎調査」

	中小企業		うち小規模事業者
業種	資本金　または	従業員	従業員
製造業その他	3億円以下	300人以下	20人以下
卸売業	1億円以下	100人以下	5人以下
サービス業	5000万円以下	100人以下	5人以下
小売業	5000万円以下	50人以下	5人以下

図5-31　中小企業基本法における中小企業の定義
資料:中小企業庁ホームページ「2017年版中小企業白書」

モ　うん。まあ嘘をついてる訳ではないけど誤解する人は出ちゃうよね。ところで、そもそも日本の労働組合の組織率（全労働者に占める労働組合員の割合）は極めて低い。２０１６年の労働組合の組織率なんて17・３％しかない。民営企業に限るとさらに下がって16・２％だ。それに加え、**図5-30**の表のとおり、組織率が高いのは大きな企業だ。

ところで、日本の企業の99％は中小企業と言われているが、中小企業の定義は**図5-31**の表のとおりだ。２０１７年版中小企業白書概要によれば、２０１６年において中小企業に勤務する人は全体の約70％を占めている。これに加えて、労働組合の組織率が低く、しかも組合が大きな企業に集中していることを考え合わせると、ほとんどの労働者は労働組合に入っていないだろう。

太　じゃあさ、「物価が上がったから賃金上げろ」っていう圧力が経営者にかからないんじゃない？

モ　そう。そもそも労働組合のない会社が多数を占めているから、物価を無理やり上げたところで、労働者からの賃上げの圧力がかかってくるわけじゃない。そういう観点からしても、リフレ派の「物価を上げれば賃金も勝手に上がる」という思い込みは大間違いだったと言うべきだろう。

太　日本て、そもそも賃金が上がりにくい環境なんだね。

モ　うん。ちなみに、欧米だと労働組合は企業別ではなく、産業別に存在している。そして、物価が上がればそれに合わせて賃金も上がる「物価スライド制」が定められているところもある。日本はそういった仕組みがない。

太　へ〜。ここまでアベノミクスの成果と言われているものまで否定してきたけど、なんか良いところないの？　偏ってない？　例えばアベノミクス第3の矢に何か奥の手が残っているんじゃないの？

モ　うん。最低最悪の第3の矢が国民を待ち受けているよ。第6章でそれを説明しよう。

第5章まとめ

①雇用改善は、生産年齢人口減少、医療・福祉分野の大幅な需要拡大、雇用構造の変化（非正規雇用の増大）によるもので、民主党政権時代から続いていた傾向。アベノミクスは無関係。

②株価の上昇は、日銀（異次元の金融緩和、ＥＴＦ爆買い）とＧＰＩＦ（年金資金投入）によるもので、実体経済を反映していない。公的資金投入をやめると暴落は必至。

③円安の恩恵を一番受けた製造業ですら、実質賃金は大きく下落。

④賃上げ２％を達成できたのは、全労働者のわずか５％程度。労働組合組織率が低いことも影響して、そもそも日本は賃金が上がりにくい構造になっている。

第6章

「第3の矢」は労働者を過労死させる

労働者を過労死させる残業代ゼロ法案

モ　アベノミクス第3の矢というのは、いろんな規制を緩和するなどして、経済活動を活発にすることを目的としている。その一環として出されている法案が、残業代ゼロ法案だ。

太　それ「時間ではなくて成果で評価する制度」とか、「脱時間給」とか報道されているものだよね。成果で評価することは良いことなんじゃないの。

モ　太郎。それはね、はっきりした嘘なんだ。だって法案には成果給を義務付ける条文なんてないいんだからね。

太　え？　そうなの？

モ　うん。一言も書いていない。だいたい、現行法の下でも成果給にすることは十分できるからね。残業代ゼロ法案というのは、単に残業代をゼロにしたいだけの制度と言って間違いはない。

太　残業代って何のためにあるの？

モ　残業した分について、通常よりも割増した賃金を払うことを義務付けることにより、行き過ぎた残業を防ぐためにある。いわば罰金を科して残業を抑えるようなものだ。

太　なんで、その残業代をなくすことが経済の活発化につながるの？

モ　残業代をなくせばコストをカットできて、その分企業が儲かるからさ。

太　まあ要するにお金の問題ね。ところで残業した分、割増した賃金もらえるなら、わざと残業して残業代を稼ぐ人だっているんじゃないの？

モ　そういう人がいることは否定できないが、多くはないだろう。連合の2015年1月16日付の調査は下記のとおり報告している。

残業を命じられることがあると回答した1775名に、どのようなことが残業の原因になっていると思うか聞いたところ、最多回答は「仕事を分担できるメンバーが少ないこと」で53・5%、僅差で「残業をしなければ業務が処理しきれないほど、業務量が多いこと」52・6%となり、「職場のワーク・ライフ・バランスに対する意識が低いこと」23・7%、「職場に長時間労働が評価される風潮があること」10・4%が続きました。職場のメンバーが少ないことや業務量が多いことに原因を感じている人が多いようです。また、ワーク・ライフ・バランスに対する意識が低いといった職場の体質も上位となりました。

他方、「残業代を稼ぎたいと思っていること」8・7%、「時間を掛けてよりよい仕事・自分が満足できる仕事にしたいこと」8・6%、「自分自身が残業を前提に仕事の計画を立てていること」5・6%、「仕事に集中していない時間が多いこと」4・2%は、それぞれ1割未満となり、自身の仕事に対する姿勢を原因と考えている人は多くはないようです。

(日本労働組合総連合会「労働時間に関する調査」)

太　要するに人が足りない上に業務量が多いから残業が増える、ということね。残業代稼ぐのが目的なんて8・7%しかないのか。

モ　うん。そして、同調査によると「4割強が賃金不払い残業（サービス残業）をせざるを得ないことがあると回答しました」ということだよ。

社会問題になっているブラック企業なんか、残業代を払わないからこそ、異常な長時間労働をさせることが可能になっている。このアンケートはその実態を示しているね。

太　そうか。まともに残業代を払っていれば、あんまり長時間労働させすぎるとコストがかかるだけだから、社員を早く帰らせようとするだろうね。で、残業代ゼロ法案の中身って具体的にどんなものなの？

モ　大きく分けると次の2つ。

●高度プロフェッショナル制度の導入
●企画業務型裁量労働制の拡大

モ　高度プロフェッショナル制度というのは、高度の専門職にある人の残業代（深夜割増・休日割増含む）をゼロにするものだ。法案では年収が労働者の平均年収額の3倍程度の人が対象となっている。この制度の対象になると、残業代がゼロになる上に、労働時間、休日、休憩時間に関する労働基準法の規制がすべて外されてしまう。

太　え？　じゃあ最近導入が検討されている残業時間の上限規制もかからないってこと？

モ　もちろんそう。

太　いや……規制全部外したら死んじゃうじゃん……。

モ　そういう規制がかからない代わりに、次の健康確保措置のいずれかを取ることになっている。

㋑労働者ごとに始業から24時間を経過するまでに厚生労働省令で定める時間以上の継続した休息時間を確保し、かつ、深夜業の回数を1カ月について厚生労働省令で定める回数以内とすること。

㋺健康管理時間を1カ月又は3カ月について、それぞれ厚生労働省令で定める時間を超えない範囲内とすること。

㋩4週間を通じ4日以上かつ1年間を通じ104日以上の休日を確保すること。

太　その3つ全部じゃなくて、「いずれか」なのね。

モ　そう。㋑を選ぶと、例えば年間5日間の有給休暇さえ与えれば、360日連続勤務も合法になる、という結論になる。㋩を選べば、一定数の休日は与えなければならないが、24時間勤務を命じることが可能になる。

太　毎日睡眠取らせて1年360日働かせるか、一定の休日は与えるけど24時間働かせるか、どちらかを選べるってことね。殺す気かよ……。でも、高給取りだけが対象なんでしょ。

モ　最初は平均年収の3倍を相当程度超える額で、具体的な額は省令で決める。1075万円でスタートすると見込まれている。ここでいう平均年収というのは、賞与などを除いた額で、厚生労働省の毎月勤労統計調査を基に算出される数字だ。だいたい310万円ぐらいになる。

太　その3倍だから930万円だね。1075万円は確かにそれを相当程度上回っているな。

モ　これは倍数で決められていることがポイントだ。最初は「3倍」とされているけど、改正して「2倍」にすれば、620万円を相当程度上回る額になる。そして、「倍」すら取ってしまうと、単に平均年収を相当程度上回る額になる。

太　それ、後でどんどん対象を広げやすい決め方をしてるってことじゃん……。

モ　そう。「小さく産んで、大きく育てる」というのは、国民の反対を受けやすい法案を通す時に使われる常套《じょうとう》手段だ。派遣法なんかもそうだからね。最初は通訳など13の専門業務に限定していたけど、後からどんどん範囲が広げられていったからね。ちなみに、かつて経団連は年収400万円以上を残業代ゼロにするよう提言している。

経団連というのは、日本経済団体連合会のことで、日本の代表的な企業1350社、製造業やサービス業などの主要な業種別全国団体109団体、地方別経済団体47団体などから構成されている。自民党の最大の支持母体だ。

太　うわ～。そのうち「平均年収を相当程度上回る額」にまで改正して、年収400万円以上を残業代ゼロにする魂胆が丸見えじゃん……。

モ　そう。だから「高給取りだけ対象で自分は関係ない」なんて言っていられないんだよ。だけどね、もっと恐ろしいのが、企画業務型裁量労働制の拡大だ。

裁量労働制は年収要件なし

モ　企画業務型裁量労働制というのは、あらかじめ決められた時間働いたと「みなす」制度だ。例えば、あらかじめ決められた時間が8時間であれば、実際何時間働いたとしても、

8時間働いたとしかみなされない。その代わり、建前上は出退勤時間を自由に決められる。何時間働くのか自分で決められるということだ。

太　そんなこと言ったってさあ、結局自分で出退勤時間を決めるなんて事実上できないよね。仕事たくさんあるだろうから。残業させ放題じゃん。

モ　そのとおり。裁量なんて実際は存在しない。裁量労働制というのは過労死・過労自死・過労うつの温床になっている。そして、今回企画業務型裁量労働制の新たな対象になる業務は以下の2つだ。

㋑事業の運営に関する事項について繰り返し、企画、立案、調査及び分析を行い、かつ、これらの成果を活用し、当該事項の実施を管理するとともにその実施状況の評価を行う業務。

㋺法人である顧客の事業の運営に関する事項についての企画、立案、調査及び分析を行い、かつ、これらの成果を活用した商品の販売又は役務の提供に係る当該顧客との契約の締結の勧誘又は締結を行う業務。

太　メチャクチャわかりにくいんですけど……。

モ　そうだね。㋑は特にわかりにくいから、何か企画してそれを管理する立場の人は全部含まれてしまいそうだね。㋺については、要約すると、法人相手の営業マンのことを指していると考えてよいだろう。

例えば、電通過労死事件の被害者・高橋まつりさんの業務は㋺に含まれるといってよい。電通は法人相手に広告の営業をしている会社だからね。

太　え〜！　だったらまた同じような事件起きちゃうじゃん！　あんな悲惨な事件が起きたのに全然反省してなくない？　でもさあ、これも年収制限とかあるんでしょ。

モ　ないよ。年収２００万円の人でも、㋑か㋺の対象になってしまえば残業代はゼロだよ。まあ深夜割増と休日割増は出ることになっているけど、実際はほとんど払われないだろうね。

太　え……マジで？　高度プロフェッショナル制度より怖いじゃん……でもさあ、残業時間の上限規制はかかるんでしょ？

モ　関係ないよ。だって「みなし労働」だからね。実際働いた時間に関係なく、あらかじめ決めた時間働いたとみなされてしまうから。1日8時間とみなされたら8時間しか働いたことにならない。だから上限にひっかかる訳がない。

太　もうマジで何考えてんの……そんな法案通したらみんな体がもたないよ。ただでさえ労働力人口が減っていくのに。政府の言っている働き方改革ってなんなのさ。

モ　この残業代ゼロ法案を引っ込めない限り、政府の言っている「働き方改革」というのは単なるポーズと言い切ってよいだろう。政府は残業時間の上限規制という国民に良さそうなことをやると見せかけて、そのどさくさに高度プロフェッショナル制度の導入と企画業務型裁量労働制の拡大をやろうとしている。これではますますブラック企業がなくならないだろう。今まで違法にやっていたことが合法になってしまうのだからね。ホワイトだった企業もブラックになってしまいかねない。

残業代ゼロ法案は、国民の健康と国の経済に悪影響を与えるだけ

モ　ところで、厚生労働省の過労死等防止対策白書にあるとおり、精神障害を理由とする

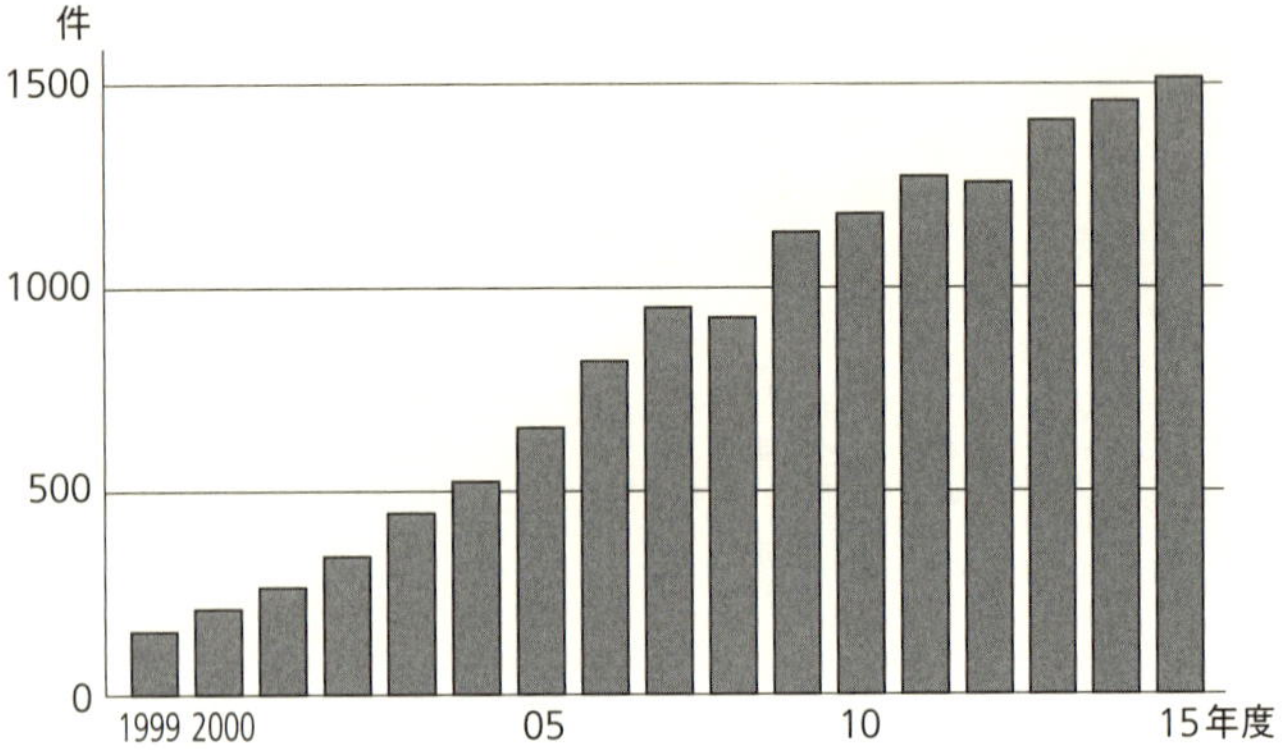

図6-1　精神障害に係る労災請求件数の推移
資料：厚生労働省作成「平成28年版過労死等防止対策白書」

労災の請求件数は増え続けている。これは明らかに長時間労働が影響しているだろう。同白書からグラフを引用しよう。図6-1のグラフを見てごらん。

太　ずっと増加傾向だね。

モ　うん。そしてこの請求件数は氷山の一角にすぎない。精神的に追いつめられすぎて、そもそも労災請求をする気力が残っていない人も多いだろうし、証拠がなくて泣き寝入りする人もいるだろう。ブラック企業は労働時間の記録を残さないようにするから、泣き寝入りを強いられる人はたくさんいるだろうね。

太　泣き寝入りって……労働者は使い捨てのボロ雑巾かよ。ふざけんなよマジで。

モ　うん。太郎の怒りは当然だ。これは誰にとっても他人事《ひとごと》ではない。残業代がゼロになれば、ますます残業に対するブレーキが働かなくなり、過労死、過労自死、過労うつが増えていくことになるだろう。犠牲になるのは自分かもしれないし、自分の家族や友人かもしれない。これは単なるお金の問題ではなくて、命に直結する問題だ。

太　長い目で見れば経済にも悪い影響与えるんじゃないの？

モ　そのとおり。それは重要な視点だ。こんな法案を通してしまえば、ますます長時間労働が助長されるだろう。そうすると、例えば次のような弊害が生まれるだろう。

●労働力が使い潰され、労働力不足がますます深刻化する。
●過労で精神障害になる人が増えて、社会保障費が増える。
●長時間労働が女性にとって正社員への参入障壁となり、女性の賃金が増えない。
●生活時間が奪われるので、消費に回る金が減る。
●労働者の賃金が低下する。
●家族で一緒に過ごす時間が減り、家庭内不和となって離婚が増える。

●長時間労働で疲弊した状態で働くので生産効率が悪くなる。

太　ていうか、その弊害ってもう生じてるよね。

モ　そのとおりだ。思いつく限り挙げてみたけど、もうすでにこの弊害は生じている。残業代ゼロ法案はこの現状を追認してさらに悪化させるものだ。

太　ブラック企業は確実に増えるよね。

モ　そうだね。それは経済に悪影響を確実に及ぼす。ブラック企業問題は単なる労働問題であると考えてはいけない。これは経済問題なんだ。ブラック企業は違法なサービス残業をさせて賃金をごまかしているけど、これは経営者が労働者から賃金を盗んでいるのと同じだからね。

太　G7で日本だけ賃金がずっと下がっていた（図3-14）けど、それってブラック企業の経営者が賃金を盗んでいるのも影響してるよね、きっと。

モ　うん。そうやって賃金をごまかすことで、異常なくらいの低価格が実現している。みんながそれをやるから余計に低価格競争が激化し、ブラック企業にならないと生き残れないような状況が生まれてしまう。それは労働者のさらなる賃金低下を招く。消費者である労働者の賃金が下がってしまえば、消費は伸びない。つまり、経済は伸びない。

太　規制が緩いんじゃないの？

モ　そのとおり。まず、残業代不払いに対する罰則は6カ月以下の懲役または30万円以下の罰金だ。運用上まず懲役刑になることはないので、実際は罰金刑だけだ。そしてこの罰金刑ですら滅多に適用されない。

太　そんなに安いの？　残業代不払いを許すと残業にブレーキがかからず、最悪の場合、人が死んでしまうこともあるんだから、重大犯罪だと思うけど。

モ　そうだね。他の法律と比較すると軽さが際立つよ。例えば、著作権法や特許法だと、法人に対する罰金刑で最高3億円のものがある。金融商品取引法なんか、法人に対する最高刑は罰金7億円だ。

太　それと比べると、残業代不払いの罰金刑なんてゴミみたいなもんだね。違反してくれって言っているようなもんじゃん。

モ　その上、労働基準監督官の数も少ない。厚生労働省作成資料から引用しよう。**図6-**

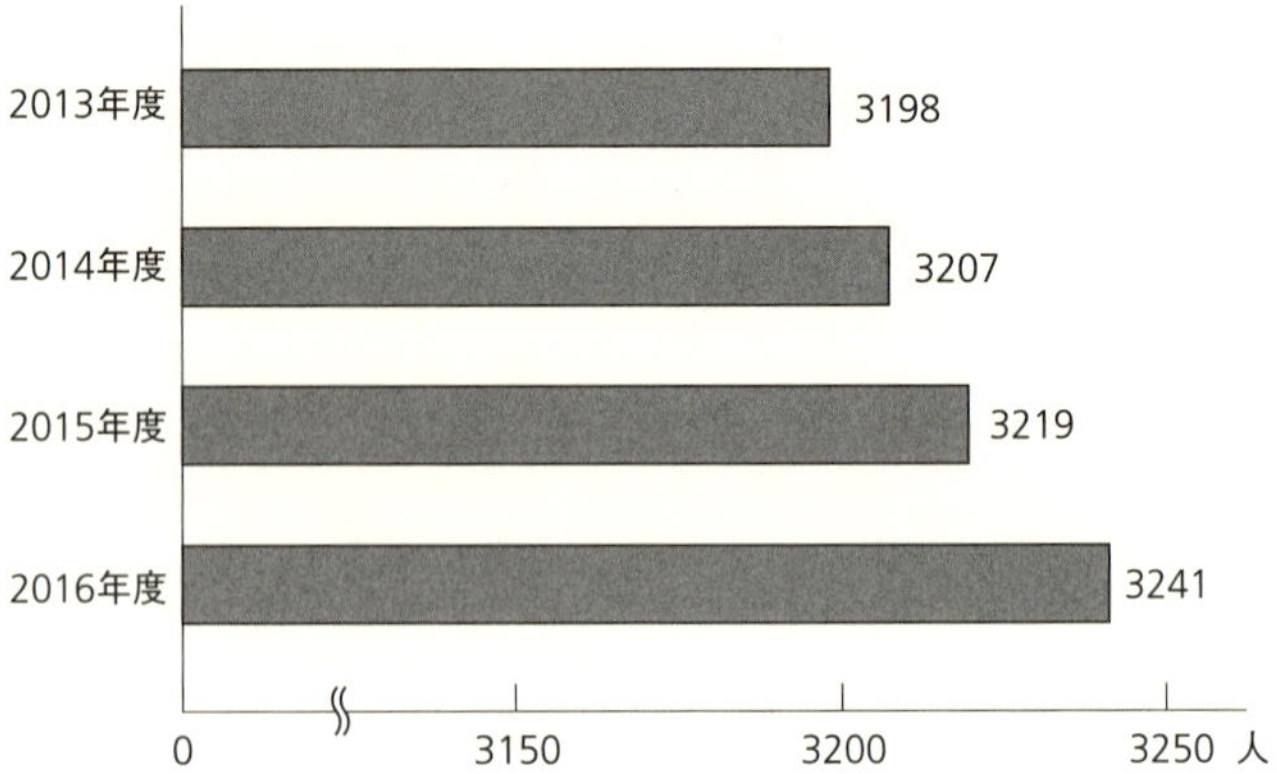

図6-2　労働基準監督官数の推移

資料:厚生労働省2017年3月16日付「労働基準監督行政について」

2のグラフだ。

太　対象となる事業場が428万もあるのに、3241人しかいないの。1人当たり約1320カ所も見なきゃいけないじゃん。毎日休まず1カ所ずつ見ても3年半以上かかるよ。これ、全然数が足りてないじゃん。

モ　うん。その上、ブラック企業は労働時間の証拠を残さないようにするからね。労働基準監督署に注意された後になって、あえてタイムカードを廃止する企業もあるんだよ。証拠さえ残さなければ摘発されないからね。しかも残業代請求の時効は2年だ。

太　罰則ゆるゆる、取り締まる人少ない、証拠隠しが横行、時効も短い……こんなんじゃブラック企業がやりたい放題じゃん。

モ　そうだ。だから残業代不払いが横行している。つまり、残業代というブレーキが全然利いていないということだ。そのせいで不幸な過労死が後を絶たない。残業代ゼロ法案は、この最悪の状況をさらに悪くする結果になることは間違いない。これは「コストカット」という目先の利益だけを見ている法案だ。長期的に見れば、国民の健康とこの国の経済に深刻で取り返しのつかないダメージを与えることは間違いないだろう。

太　やるべきことは逆なんじゃないの？　残業代をきっちり払わせるように思いっきり規制すべきじゃない？

モ　そうだね。そうしなければますます長時間労働が増えて、この国の成長にも大きな悪影響を及ぼすだろう。

太　これ、自民党の支持母体が経団連だから出てきた法案だよね。

モ　そう。自民党は経営者側からの視点しかないのだろうね。これが民進党なら違うよ。なぜなら民進党の支持母体は連合、つまり労働組合だからね。つまり、自民党と民進党には、「使用者側政党」対「労働者側政党」という対立軸がある。

太　そうだったの？　それ、そんなに浸透してなくない？

モ　うん。あんまり知られていないかもしれない。例えば、民進党は民主党時代に労働契約法を改正して、有期雇用（契約社員など）が無期雇用（正社員）に転換されるようにしたけど、これは労働者側政党だから実現できたことだね。

太　民進党だったら、残業代ゼロ法案を出すようなことはあり得ないってこと？

モ　それは間違いない。そんなことをしたら支持母体である労働組合に見放されるだろう。

太　使用者側政党対労働者側政党っていう構図だったなんて知らなかったな。民進党って今めちゃくちゃに嫌われてるけど、労働者側政党なんだっていうのをもっとアピールすべきだよね。今の状態だと単に文句ばっかり言っている政党にしか見えないよ。

モ　そうだね。民進党は労働政策において最も自民党との違いをアピールできると言える。自民党は使用者側政党だから、本当に労働者の側に立った政策を実現するのは難しい。現にできていない。

太　それにしても、消費を冷やして経済を停滞させた上にこんなひどい奥の手まであるのか……さっさとアベノミクスなんてやめちゃえばいいんじゃない？

モ　太郎、それが一番の問題だ。アベノミクスをやめたらどうなるのかを次の章で検証してみよう。

第6章まとめ

①残業代ゼロ法案とは「高度プロフェッショナル制度の導入」と「企画業務型裁量労働制の拡大」の2つからなるもの。

②「高度プロフェッショナル制度」は、当初こそ年収1075万円以上の人を対象としている。しかし改正が繰り返され、最終的に経団連の目標である「年収400万円以上」が対象とされる可能性が高い。

③「企画業務型裁量労働制」は、何か企画して業務を管理する人や、法人相手の営業マンが対象となる。対象者は、実労働時間に関係なく、あらかじめ決められた時間働いたと「みなされる」。その結果、残業しても残業したことにならない。最大の問題点は、年収要件がないこと。例えば年収200万円の人も対象になってしまう。

④残業代ゼロ法案は、労働者の健康を害するだけではなく、経済にも悪影響を与えるもの。経済発展のためにはむしろ逆効果。

第7章

アベノミクスの超特大副作用

日銀が国債バブルを引き起こしている

モ　アベノミクス以降、日銀は民間銀行から国債を買い上げて、最も多い時で年間80兆円のペースでマネタリーベースを増やし続けている。しかし、2016年9月にこの目標を取りやめて、「長短金利操作付き量的・質的金融緩和」を導入した。量ではなく金利を重視するということだ。

太　ごめん。全然意味わかんない。

モ　はっきり言ってこの意味がわかる必要はない。なんでこんなよくわからないことを言い始めたかというと、「年間80兆円」のペースがそのうち維持できなくなることがわかっているからだ。市場に存在する国債は有限だからね。ちなみに、政府が毎年新しく発行する国債はだいたい三十数兆円。だから、それを超える額は、民間金融機関がすでに持っている国債を買い上げないといけない。*1

太　あ〜。だからよくわからない言葉でごまかしているんだな。80兆円のペースが維持できなくなっても言い訳できるように。

モ　うん。今後もしばらくは80兆円のペースは維持されて、いつの間にかペースが落ちていくんだろうね。さて、そうやって今のところ日銀が国債を爆買いしているわけだが、それによって国債市場に何が起きているのかを見てみよう。その前に国債の基本的な知識について説明するよ。

改めて説明すると、国債とは国にお金を貸していることを証明する債券だ。要するに国の借金のことだと思えばよい。債券といっても、紙が発行されるわけではなく、全部電子データで管理されている。昔は紙で発行されていたんだけどね。

ここで、話を単純化するために、償還期限（お金を返すまでの期限）が1年の国債を前提に考えてみよう。国は、この国債を例えば「額面100円、表面利率1％」という形で売りに出す。それに対し、国債を欲しい投資家（銀行や保険会社など）が購入価格を入札していく。そして、入札価格の高い方から国債が割り当てられていく。例えば、99円で落札できれば、99円を支払って「額面100円、表面利率1％」の国債を入手できる。国には99

＊1　マネタリーベースを年80兆円のペースで増やしていくためには、借換債も含めると、毎年約120兆円程度国債を買い入れる必要がある。なお借換債とは、「満期がきた償還額の一部を、再び借り換えるために発行される国債」のこと。

円が入る。

太　へ〜。元本《がんぽん》100円だから100円で買うってわけでもないのね。

モ　さて、額面100円、利率1%、償還期限1年の国債を99円で購入できたら、最終的にいくら儲かる?

太　99円で購入して、最終的に101円返ってくるんだから、2円儲かるね。

モ　そう。その「儲かったお金」の「投入金額に対する割合」を「利回り」というんだ。この例で言うと、利回りは2円÷99円≒約2%ということになる。

太　自分が払ったお金が何%増えるかってことね。

モ　そう。利回りが2%だったら、投入したお金が2%増えて返ってくるということだ。ところで、仮に額面100円、利率1%、償還期限1年の国債を80円で落札できたら、どうなる?

太　21円も儲かるね。利回りは約26%か。購入価格が安くなればなるほど、「額面+利息」との差額が大きくなって儲けも大きくなるということだね。

モ　そう。そこが最も重要な点だ。つまり、国債は、価格が安くなればなるほど、その分儲けは増える。最終的に戻ってくるお金との差額が増えるからね。つまり、利回りが上がるということだ。逆に、価格が高くなればなるほど、最終的に戻ってくるお金との差が少なくなって儲けは減り、利回りは下がる。

太　価格が下がると利回りが上がり、価格が上がると利回りが下がるのね。国債の価格と利回りは真逆に動くということか。どういう時に国債の価格が下がるの？

モ　国の借金返済能力が危うくなった時だ。国債を買っても本当に償還されるかどうかわからなくなるので、人気がなくなり、価格が下がる。そして、その分利回りは上昇する。

太　ハイリスク・ハイリターンになるということか。

モ　そう。そこが一番重要な点だからよく覚えておいて。さて、国債は、新たに国債を発行する「発行市場」と、すでに発行されている国債を転売する「流通市場」がある。

太　流通市場は、国債の償還を待たずに現金化したい投資家なんかが転売するわけ？

モ　そう。国債の償還期限は最短6カ月から最長40年まであるけど、償還前に現金が必要になることはあるからね。そして、流通市場における新発10年国債の利回りが「長期金利」と呼ばれて、代表的な金利の指標になっている。この長期金利が、日銀が民間銀行に

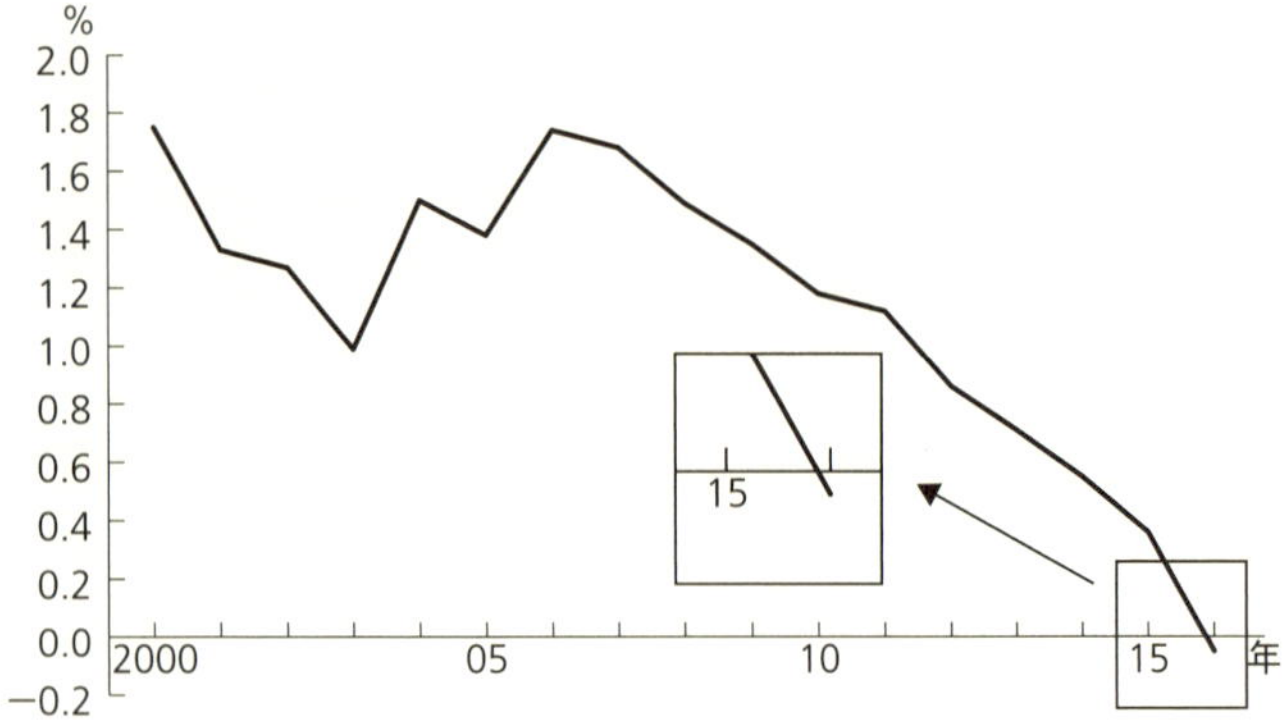

図7-1　長期金利の推移

公表値から年平均を算出。

資料：財務省ホームページ「国債金利情報」

お金を貸す際の金利なんかにも影響する。長期金利が上下すれば、だいたいそれに合わせて貸出金利も上下する。

ニュースで「金利が上がる」とか話をしている時は、「長期金利」のことを意味していると言っていい。さて、ではその長期金利の推移を**図7－1**にグラフに示したので見てみよう。

太　ずっと下落傾向なんだね。あれ？　２０１６年はマイナスになってるよ。これ、投資したお金が増えるどころか減っちゃうって意味だよね。これ嘘でしょ。こんなの買うアホな投資家いないよ。

モ　嘘じゃないよ。そんなアホな投資家がいるんだよ。

太　誰？

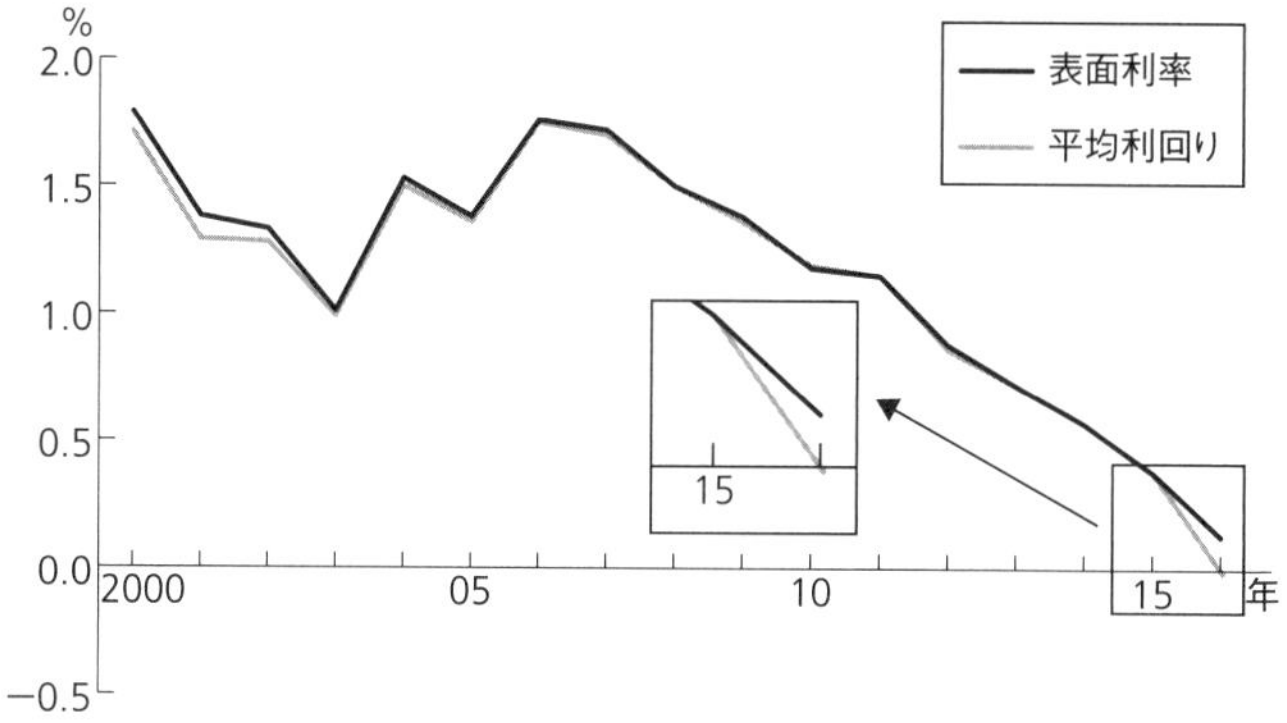

図7-2　10年国債の表面利率・応募者平均利回りの推移
公表値から年平均を算出。
資料：財務省ホームページ「国債等関係諸資料」「国債金利情報」

モ　日銀。

太　あ……年間80兆円のペースでマネタリーベース増やさないといけないから、損するような値段でも国債を買い入れるはめになるということか。

モ　そう。あの異常な買い入れペースを維持しようとすると、こんな現象が起きる。こうやって利回りがマイナスになるということは、裏返すと国債の価格が上がり過ぎているということだ。日銀が国債バブルを引き起こしている。

　長期金利は流通市場での数字だが、発行市場でも異常な現象が起きている。10年国債の発行市場での表面利率と、応募者平均利回りの推移を示した**図7－2**のグラフを見てごらん。応募者平均利回りというのは、国債を落札した人が得る平均的

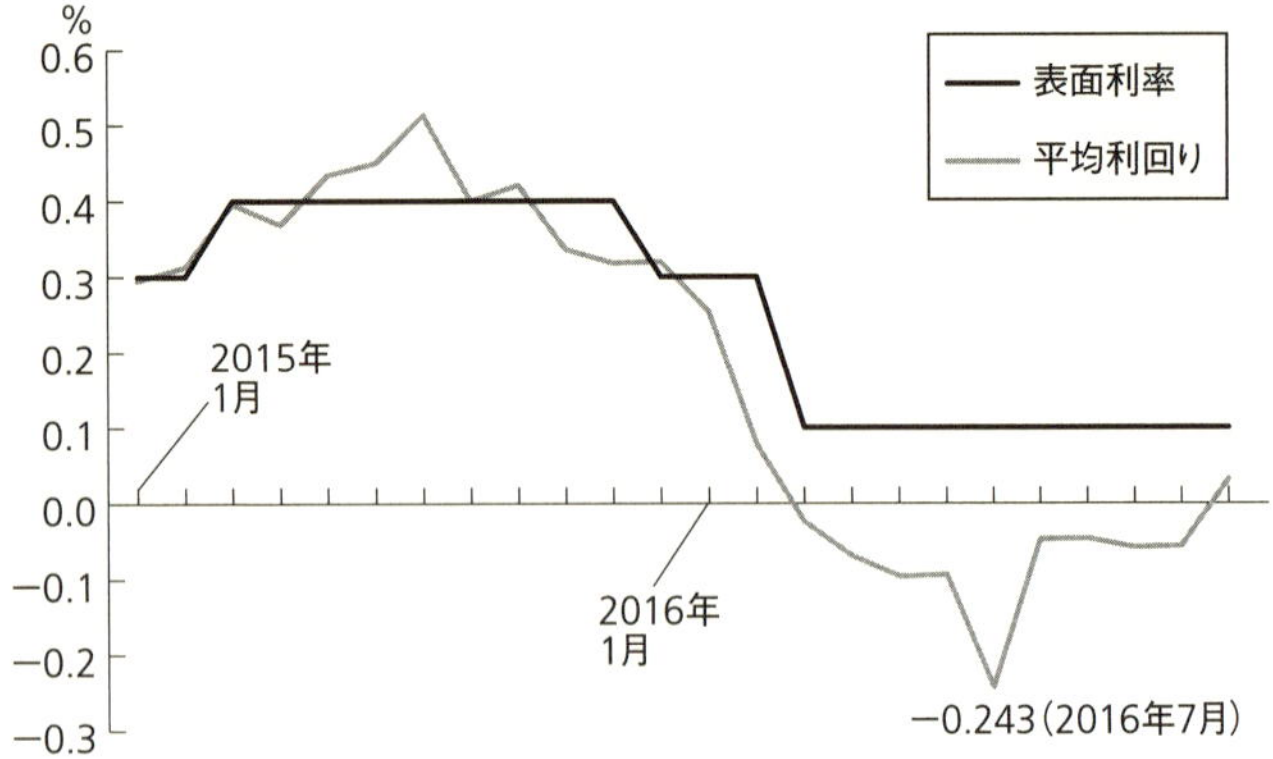

図7-3　10年国債の表面利率・応募者平均利回りの推移
資料：財務省ホームページ「国債等関係諸資料」

利回りのことだ。

太　あ……2016年の応募者平均利回りもマイナスになっている。これ、額面と利息を足した額よりも高い額で国債を落札しているってことだよね。損するじゃん。

モ　そう。ここで2015〜16年までにフォーカスした**図7-3**のグラフを確認してみよう。これは発行日ごとの表面利率と応募者平均利回りを示すものだ。

太　表面利率は0・1%で下げ止まりしているね。さすがに表面利率はマイナスにならないんだな。だけど応募者平均利回りは下がり続けて、一番低い時はマイナス0・243%まで下がってる。こんなの損するだけじゃん。

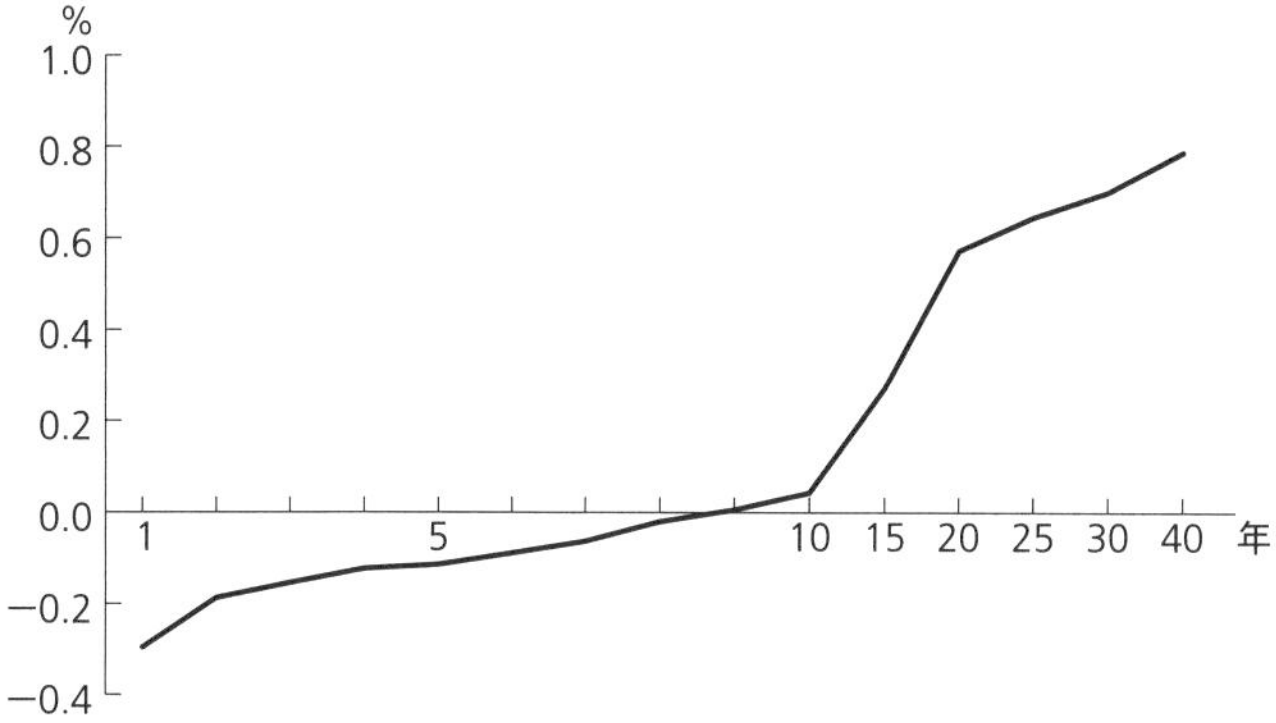

図7-4　国債イールドカーブ
2016年12月30日時点。
資料：財務省ホームページ「国債金利情報」

モ　どうしてこういう現象が起きると思う？

太　日銀にもっと高い額で転売するから？

モ　そう。その理由が一番大きいだろう。損するような値段で国債を落札しても、もっと高い値段で日銀が買い取るから、差額で儲けることができる。２０１６年の応募者平均利回りはマイナス０・03％だが、長期金利の方はマイナス０・05％だからもっと利回りが低い。これは高値で落札した国債を日銀がもっと高値で買い取っているからだろう。

話を単純化して償還期限１年の国債で考えてみよう。額面１００円、利息１円の国債を１０２円で購入して、それを１０３円で日銀に売るような現象が起きているということだ。

太　何それ……日銀は償還期限まで国債持っていても損するじゃん。

モ　そう。異次元の金融緩和を続ければ続けるほど日銀の損失は増えていくことになる。ここで、2016年12月30日時点のイールドカーブを見てみよう。**図7－4**のグラフだ。イールドカーブというのは、債券の残存期間ごとの利回りを結んだ線のことだ。利回り曲線ともいう。

太　2016年末の時点において、残存期間が1年から8年までの国債の利回りが全部マイナスになっているということか……これ、国債の価格が異常に上がっているということだよね。

モ　そう。日銀がたくさん買いまくるからこんな現象が起きる。

日銀が国債の買い入れをやめるとどうなるのか

モ　さて、最大の買い手である日銀が国債の買い入れをやめたらどうなると思う？

太　そりゃあ爆買いする人がいなくなるんだから、国債の価格は下がるよね。そしてその分利回りが上がる。

モ　そうだね。普通に考えたらそうなる。さっきの長期金利のグラフ（図7－1）を見てごらん。日銀はかつて２００１～06年にかけて量的緩和を行っていたが、それを終了した２００６年に長期金利が急上昇しているのがわかるでしょ。

太　あ……ほんとだ。緩和をやめたらまたこれと同じ現象が起きるのか。でも以前の金融緩和の規模とは全然比較にならないから、一体どこまで長期金利が上がるのかわかんないね。超上がりそう。

モ　では、長期金利が上がると一体どうなるのかを考えてみよう。例えば残存期間１年、額面１００円、表面利率１％の国債の価格が暴落（つまり利回りが急上昇）して、流通市場で80円になったとしよう。利回りはいくらになるかな。

太　最終的に返ってくるお金の額が１０１円、それを80円で買えるんだから、儲けは21円だよね。そうすると、利回りは約26％だね。

モ　うん。さて、流通市場がそんな状態の時に、新しく償還期限1年の国債を額面１００円、表面利率１％で発行するとしよう。君ならいくらで入札する？

太　高くても80円だね。だって流通市場で残存期間、額面、表面利率が同じ債券が80円で買

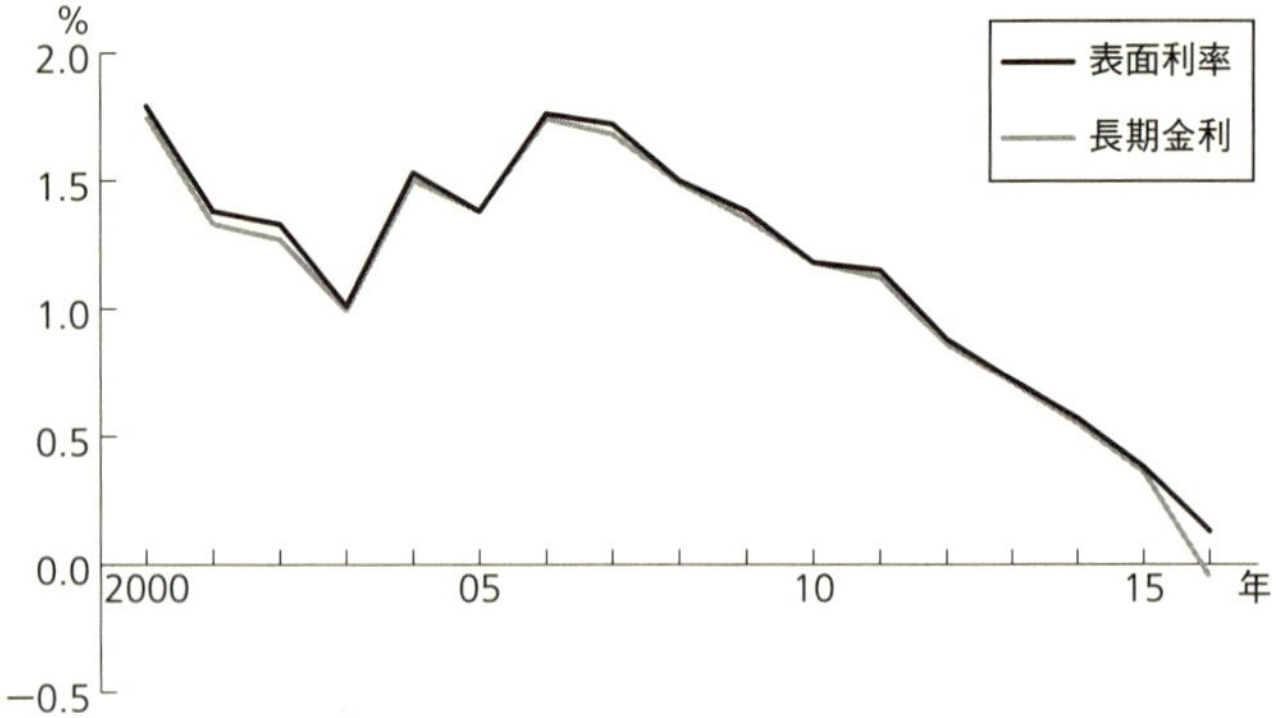

図7-5　10年国債の表面利率と長期金利の推移

公表値から年平均を算出。

資料：財務省ホームページ「国債等関係諸資料」「国債金利情報」

えるんだから。それ以上の額は出す気にならない。

モ　そうだよね。でもそうすると、国としては、調達しようとする100円に20円足りない結果になる。つまり調達できるお金の額が減ってしまうということだ。それだとやっていけないね。さてどうすればよいだろう？

太　う〜ん。あ！　表面利率を上げて流通市場の利回りより上になるようにすればいいんじゃない？　例えば表面利率を27％にするとか。

モ　そうだね。それを100円で落札すれば利回りは27％だ。つまり、流通市場の債券より儲かることになるから買い手がつくだろう。つまり、目的の100円で買ってもらえるということだ。

太　そうか。流通利回りと同じような表面利率に

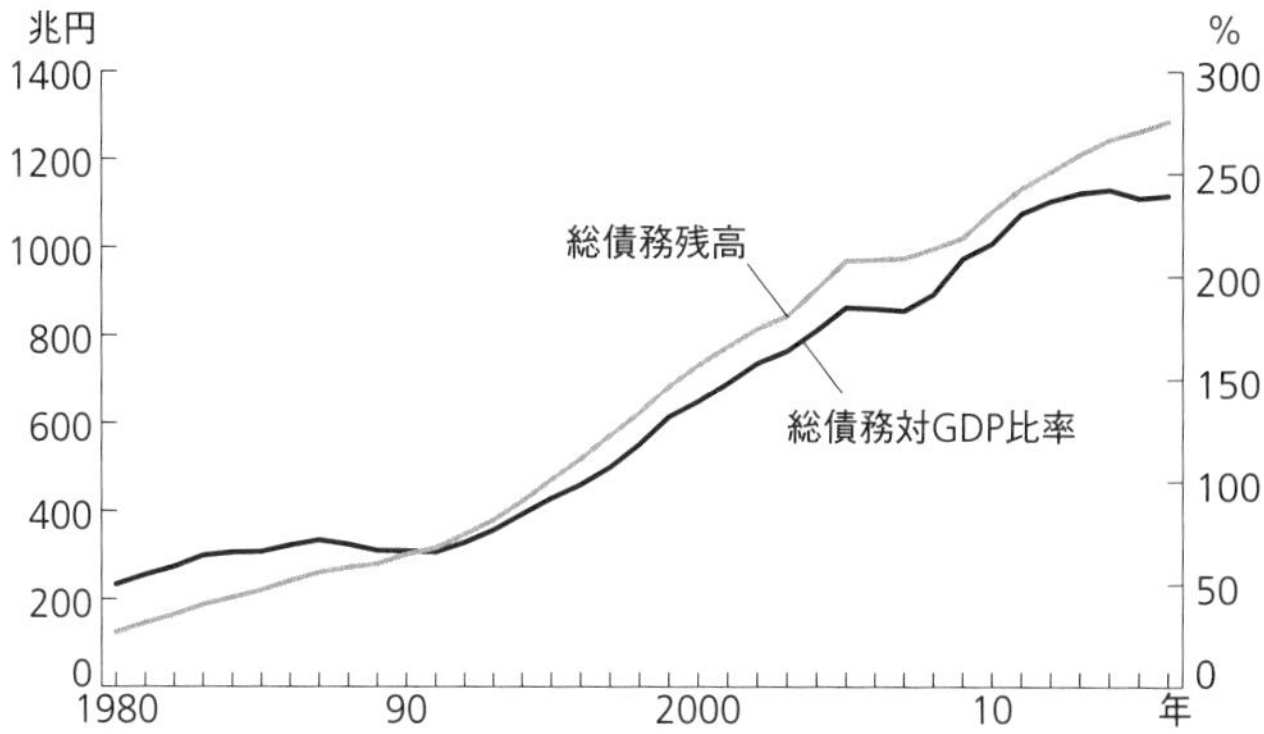

図7-6　総債務残高及び総債務残高対GDP比率

左側縦軸の目盛りが総債務残高、右側縦軸の目盛りが総債務残高対GDP比率。

資料：IMF「World Economic Outlook Database」

しないと、目的の金額を調達できなくなっちゃうということだね。

モ　そのとおり。新発10年国債の表面利率と長期金利の推移を**図7-5**のグラフに示したので見てごらん。

太　ほぼ同じ動きをしているね。2016年だけ差がついてるけど。

モ　長期金利が日銀の爆買いの影響でマイナスになってしまったからね。表面利率をマイナスにすることはさすがにできない。だから差が開いている。それ以外はほぼ同じだ。さて、日銀が爆買いをやめたら何が起きると言えるかな？

太　国債の市場価格が大きく下がるよね。それは長期金利が上がることを意味する。そうすると、

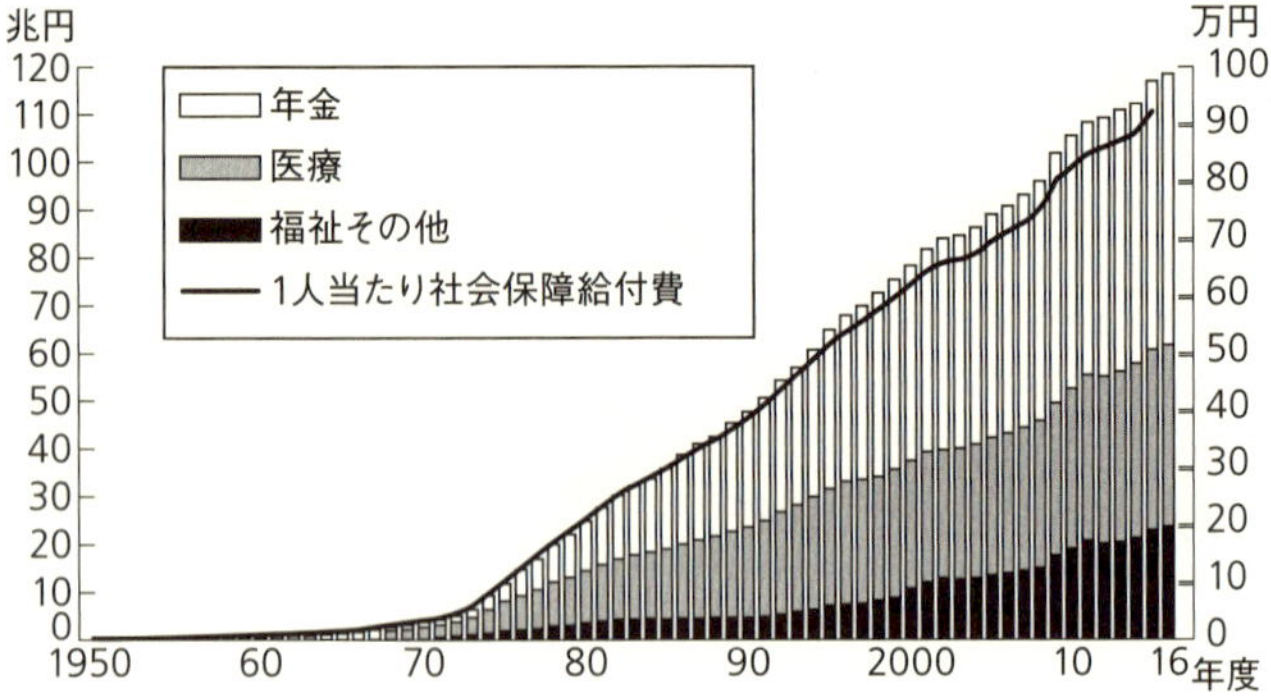

図7-7　社会保障給付費の推移
左側縦軸の目盛りが社会保障給付費総額、
右側縦軸の目盛りが1人当たり社会保障給付費を表す。
資料：内閣府作成資料「社会保障の給付と負担の現状（2016年度予算ベース）」

新しく発行する国債は長期金利に合わせて表面利率を上げなければならない。表面利率が上がるということは……日本政府が返さなければいけない借金の額が増えるってことじゃん。

モ　そう。今は表面利率が０・１％ぐらいだからまだ返済が楽だけど、長期金利が急騰したら、借金の返済額が増えてしまうということだ。

　ここで日本の借金の状況を、**図7－6**のグラフに示したので確認してみよう。日本はただでさえ膨大な借金を抱えている。だから「借金で借金を返す」という自転車操業状態だ。日本が抱えている借金（総債務残高）と、その名目ＧＤＰに対する比率を見てみよう。なお、ここで見る「総債務残高」というのは、中央政府・地方政府・社会保障

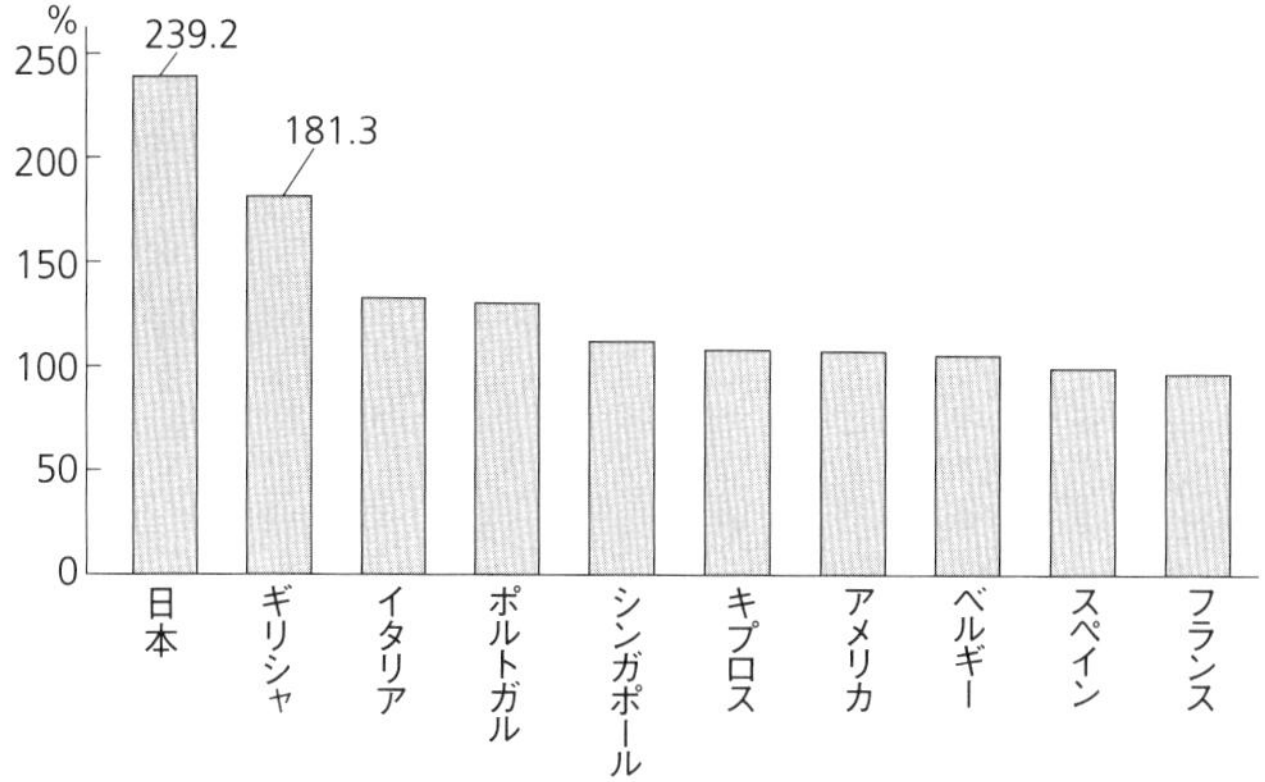

図7-8　先進国における総債務残高対GDP比率ワースト10（2016年）
資料：IMF「World Economic Outlook Database」

基金を合わせた負債の残高のことだ。国際機関などでは、一国の財政の健全性を見る際、この総債務残高の名目ＧＤＰに対する比率が用いられる。

太　え？　こんなに増えてんの？　総債務残高は１３００兆円近くなっていて、対ＧＤＰ比は約２４０％か。１年間で国内経済が生み出す儲けの２倍以上も借金があるってこと？　なんでこんなに増えたの？

モ　高齢化が進んで社会保障費が増えているからさ。ちなみに、第４章で見たとおり、名目ＧＤＰを算出基準変更に伴う改定のどさくさに紛れて異常にかさ上げしたから、対名目ＧＤＰの比率も下がっている。改定前は２５０％を超えていたんだよ。

さて、ここで社会保障費の推移について内閣府

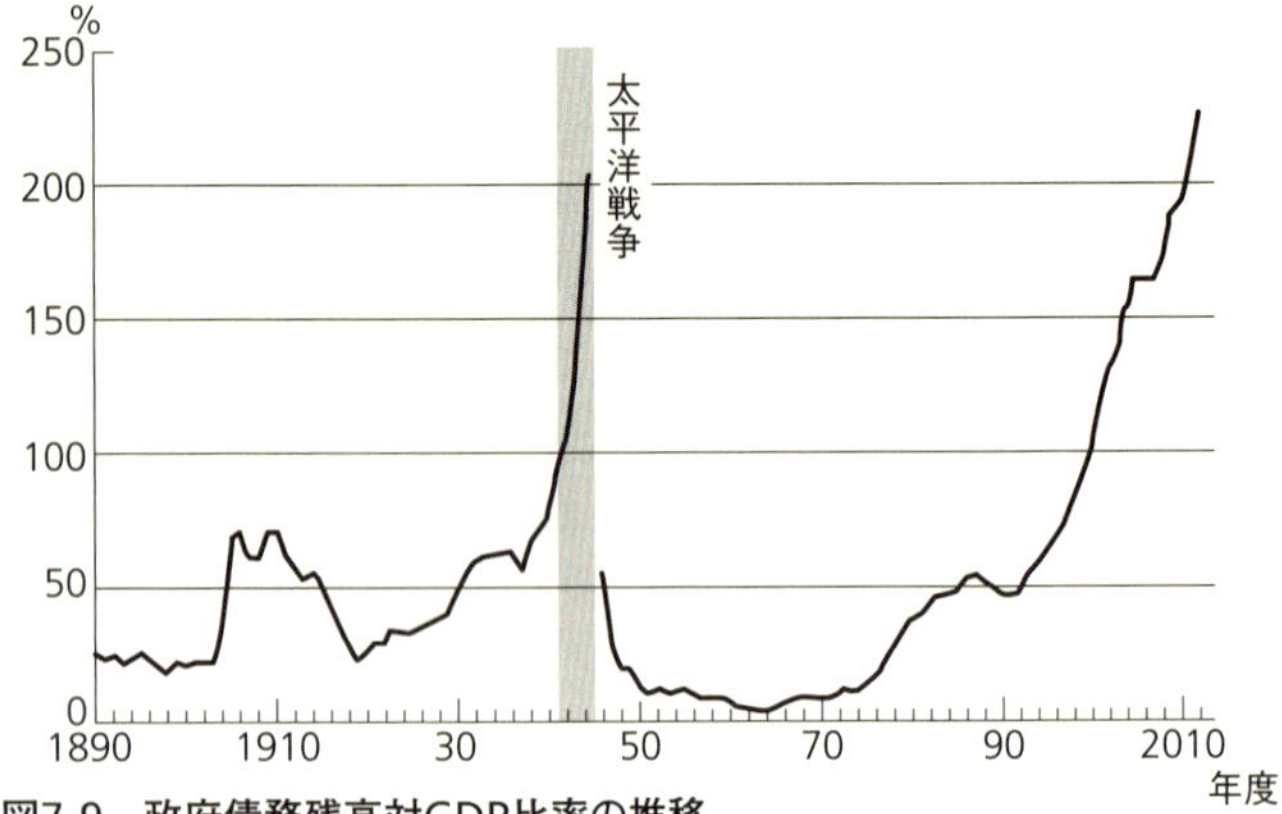

図7-9　政府債務残高対GDP比率の推移

資料：財務省作成資料「社会保障・税一体改革について」

が作成した**図7－7**の資料を見てごらん。

太　超増えてんじゃん……なんか怖いんですけど。

モ　**図7－8**のグラフは先進国における総債務残高対GDP比率ワースト10だが、日本はぶっちぎりの1位だ。**図7－9**の財務省作成資料のとおり、現在の政府債務残高対GDP比率はあの太平洋戦争末期と同レベルだ。

太　え……？　戦争もしてないのに戦争していた時と同レベルの借金してるの？　……いや、こんな数字見せられたって騙《だま》されないよ。日本は資産をたくさん持っているから、それを売っちゃえば借金が軽くなるって誰かが言ってたよ。戦争してた時とはそこが違うんじゃないの？

モ　それについては財務省が説明しているよ。そのまま引用するから読んでごらん。これはおそらく2012年頃の説明文だ。

これらの資産の大半は、性質上、直ちに売却して赤字国債・建設国債の返済に充てられるものでなく、政府が保有する資産を売却すれば借金の返済は容易であるというのは誤りです。

代表的なものをご説明すると、

①年金積立金の運用寄託金（121兆円）は、将来の年金給付のために積み立てられているもので、赤字国債・建設国債の返済のために取り崩すことは困難です。

②道路・堤防等の公共用財産については、例えば国道（63兆円）などや堤防等（67兆円）などとして公共の用に供されているものであり、また、収益を生むわけでもないので、買い手はおらず、売却の対象とはなりません。

③外貨証券（82兆円）や財政融資資金貸付金（139兆円）はFB（引用者注：政府短期証券）や財投債という別の借金によって調達した資金を財源とした資産であり、これらの借金の返済に充てられるものであるため、赤字国債・建設国債の返済に充てるこ

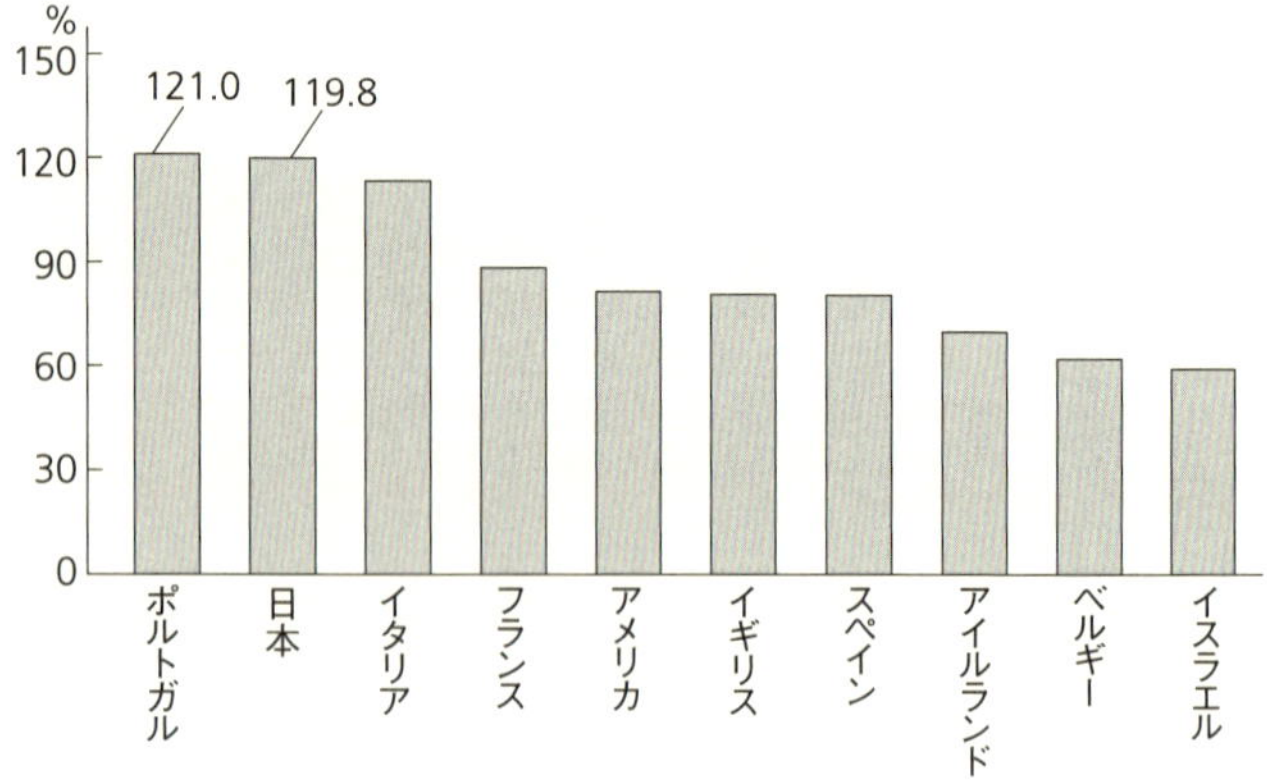

図7-10　先進国における純債務残高対GDP比率ワースト10（2016年）
資料：IMF「World Economic Outlook Database」

とはできません。
④出資金（58兆円）は、その大部分が独立行政法人、国立大学法人、国際機関等に対するもので、これらに対する出資は、そもそも市場で売買される対象ではありません。
（財務省ホームページ「政府の負債と資産」）

太　要するに売れないってことね。

モ　そう。さらに、負債から金融資産を差し引いた純債務残高で見れば低くなると主張する人もいるけど、**図7-10**のグラフを見ればわかるとおり、純債務残高で見ても日本は先進国中ワースト2位だ（なお、IMFのデータには、ギリシャの純債務対GDP比が掲載されていない）。

太　でもさあ、日本の借金て、貸し手がほとんど国内なんでしょ。日本人が日本政府に貸しているんだから大丈夫じゃないの？

モ　大丈夫じゃないよ。確かに国債の買い手の9割は日本人だ。多くは銀行が国民から預かった預金で国債を買っている。つまり、日本国民は国に対し間接的にお金を貸していることになる。しかし、日本国民の資産は無限にあるわけじゃない。特に、高齢者は現役時代に貯めたお金を取り崩して老後を過ごすだろうから、預貯金の総額は高齢化社会の進行に伴って減っていくんじゃないかな。それは国債の買い手の原資が減ることを意味している。家計貯蓄率*2の推移を見てごらん。**図7‐11**のグラフだ。

太　2013年度にはマイナスまで落ち込んだのか。そこから回復しているけど、アベノミクス前の水準には戻ってないね。長い目で見ると概ね下落傾向だな。1994年度は13

＊2　家計貯蓄率とは、ざっくり言うと家計の可処分所得に対する貯蓄の割合のこと。なお、家計可処分所得とは、所得のうち、税金・社会保険料等を除き個人が自由に処分でき、消費や貯蓄に回すことのできる部分を指す。

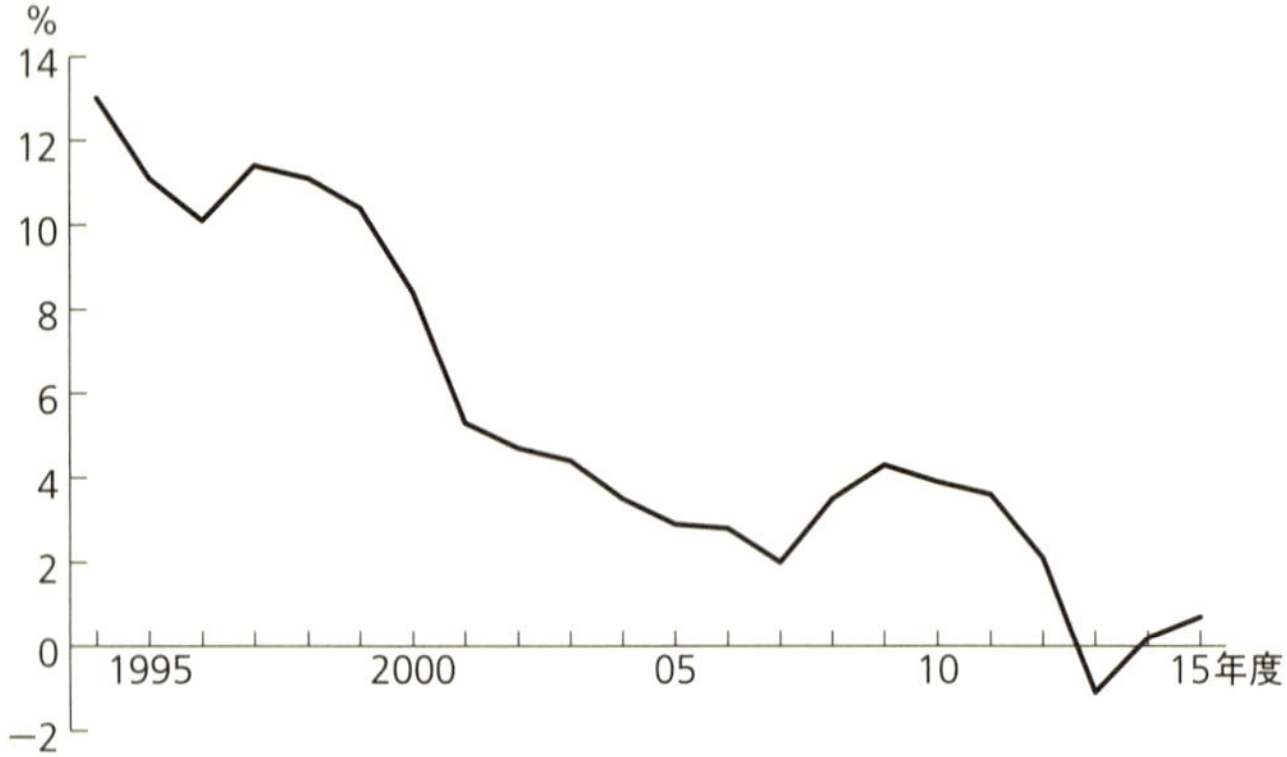

図7-11　家計貯蓄率の推移

資料：内閣府ホームページ「国民経済計算（GDP統計）」

%もあったのにね。

モ　2013年度にマイナスになっているのは、これまでの貯蓄を取り崩していることを意味しているんだ。

太　家計の貯蓄が減っても企業の貯蓄があるから大丈夫じゃないの？

モ　確かにそうだね。でも企業の貯蓄だって無限じゃないよ。人口減少に伴って経済が縮小してしまえば、企業の貯蓄だって減っていくだろう。

ところで、仮に国が借金を返せなくなった場合、貸し手のほとんどは国内だから、ダメージはほぼ全部国内に来ることになる。貸し手が海外だったらそれは海外にも分散するんだけどね。国内金融機関は大きな損失を被り、お金を貸す余裕なんてなくなるから、大きく経済がダメージを受けるだろう。お金が返せなくなる最悪の事態を防ぐためにすることは何だろうね、太郎。

太　収入を増やして、支出を減らせばいいんじゃない？

モ　そのとおり。例えば、消費税の税率をアップして、社会保障費を削るとかね。

太　そんなことしたら選挙で負けちゃうよ。誰も支持しないよそんな政治家。

モ　そうなんだよね。長い目で見ると、借金が返せない状態にならないように、増税をして、いろんな支出を削らないといけない。だけど、それをやると選挙で負けちゃう。みんな苦しい思いをするのは嫌だからね。そうすると、どうしても後回しにされていく。

でもね、国債を買う方の身になってごらん。借金がこんなに膨らんでいるのに、増税もしない、社会保障費も削らない、という国の国債を果たして買う気になるかな？

太　危ないからあんまり買う気にならないね。貸すならリスクがある分、高い金利がほしい。

モ　そうでしょ。でもそうやって金利が上がっていくと、余計にお金を返すのが苦しくなる。そうすると、ますます危険になるから、さらに金利が上がっていく……という負のスパイラルが生じる可能性がある。

太　日銀が国債の買い入れをやめるとそういう事態になる可能性があるってこと？

モ　そのとおり。もし借金を返済できなくなったら大変だ。ここで、約束した日（償還日）に借金を返済できなくなることをデフォルト（債務不履行）という。デフォルトになると、誰もお金を貸してくれなくなるだろう。そうなると、日本は借金で借金を返すような自転車操業なんだから、資金繰りがストップしてしまう。公務員の給料が払えなくなったり、社会保障費の支払いがされないという事態になって社会が大混乱するだろう。

太　そうなったら日銀にまた助けてもらえばいいんじゃない？　今度は市場を通じて買うなんてまどろっこしいことをしないで、直接国債を買ってもらえばいいじゃん。

モ　それは財政法第5条によって原則として禁止されている。それを許してしまったら政府がいくらでもお金を使えるようになる。そして、政府が使ったたくさんのお金は国民の懐に入る。そうなると世の中にお金があふれかえってすさまじいインフレを引き起こしてしまう。例えば第一次世界大戦後のドイツでは、中央銀行に国債の直接引き受けをさせた結果、パン1個が1兆マルクになるほどの異常なインフレになった。日本だって、第二次世界大戦後に日銀の直接引き受けをさせたことにより、ドイツほどではないがすさまじいインフレに襲われた。

「中央銀行に国債の直接引き受けをさせてはいけない」というのは人類が学んだ貴重な教訓なんだ。だから、だいたいどこの国でも中央銀行は政府から独立していて、国債の直接引き受けをしないようにしている。

太　そうなんだ。でもどうしても国債の買い手がいなくなればやるんじゃない？

モ　そうだね。財政法第5条によれば国会の議決があれば直接引き受けることができるからね。だが、これまでの歴史を見れば、それをやると間違いなく悪性のインフレが起きるだろう。そうなれば円の価値は暴落する。国債が暴落するということは、最終的にこういう事態につながり得る。だから、国債が暴落したとたんに、投資家は円を売りに走るだろう。そのまま円を持っていたら暴落して損をする可能性が高いからね。

太　超円安になるってこと？

モ　そう。そして行き過ぎた円安がこの国に何をもたらしたかは今まで見てきたとおりだ。超円安によって極端に物価が上がり、経済に壊滅的なダメージが生じるだろう。そういう事態になると日本の企業の業績も下がるだろうから、株価も暴落する可能性がある。まあ輸出関連企業の株価は逆に上がるかもしれないけどね。超円安による為替差益で儲けることができるから。

太　国債、円、株が全部暴落するってこと？

モ　そうなる可能性は否定できないだろう。国債や株を保有している国内金融機関は莫大《ばくだい》な評価損を被るだろうね。その中にはもちろんＧＰＩＦも含まれる。

太　評価損って何？

モ　購入した額と時価との差額のことだよ。例えば、１００億円で購入した株の時価が50億円に下がってしまったら、50億円の評価損が生じることになる。含み損ともいう。こういう莫大な評価損が生じることを防ぐために、みんな少しでも早く株を売って損を小さくしようとする。それが余計に時価の下落を招く。こういう状態を投げ売りという。

太　国債が投げ売り状態になる可能性もあるの？

モ　うん。市場がパニック状態になったらありうるね。そうすると長期金利が急上昇する。そして、長期金利が急上昇すれば、銀行の貸出金利も上がるだろう。銀行の貸出金利はだいたい長期金利と同じような動きをするからね。長期金利と銀行貸出金利の推移を示した、

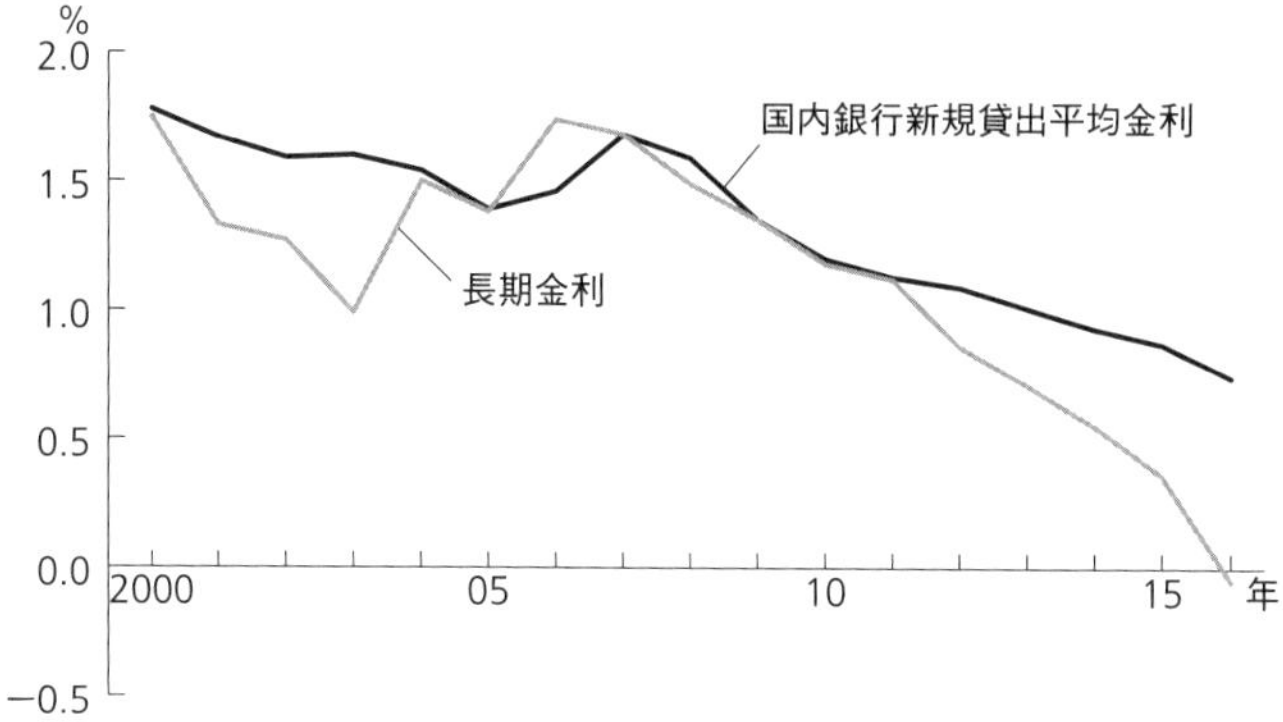

図7-12　長期金利・国内銀行新規貸出平均金利の推移（年平均）
公表値から年平均値を算出。
資料：財務省ホームページ「国債金利情報」、日本銀行ホームページ「貸出約定平均金利」

図7－12のグラフを見てごらん。

太　ほんとだ。だいたい同じような動きをするね。２００６年に長期金利が急上昇した時は、少し遅れて銀行の貸出金利も急上昇してる。金利が上がったら、企業がお金を借りにくくなるじゃん。

モ　そうだね。そうすると企業の経営も苦しくなるだろうね。

太　うん。日銀が国債購入をやめると国債が暴落して大変なことになるのは何となくわかった。だけどさ、前に金融緩和をやめた時も、一時的に金利は上昇したけど、結局そのあと下がっているじゃん。それはどうして？

モ　異常にマネタリーベースを増やしても貸し出しが大して増えなかったことからわかるとおり、

日本国内の資金需要はものすごく低い。でも、金融機関は持っているお金をどこにも投資しないで置いておくわけにもいかない。そこで、「とりあえず国債を買っておこう、日本ならまず返済不能になることはないだろう」ということで国債をみんなが買ったんだ。みんなが買うから国債の価格は上がり、その反面、金利は下がっていった。

太　へ〜。じゃあさ、今回の金融緩和をやめたとしても、また以前と同じようにみんなが国債を買えば、金利は下がっていくんじゃない？

モ　そうだね。だが、そうなる保証はない。ここで国内メガバンクの1つ三菱東京ＵＦＪ銀行が気になる動きをしている。同銀行は、２０１６年にプライマリーディーラーの資格を返上した。プライマリーディーラーとは、国債の入札について財務省と意見交換できる一方、すべての入札において発行予定額の４％以上の応札が義務付けられるものだ。これによって国債が安定的に消化できるようにされている。

太　国債が安全資産であるうちは有利だけど、危なくなってくると、購入を義務付けられちゃう点がリスクになるね。

モ　そうだ。三菱東京ＵＦＪ銀行は長い目で見るとリスクになると考えて、このような動きを取ったのだろう。今のところ他に追随する金融機関はないけど、日銀が緩和をやめる気配を見せ始めたらどうなるかわからない。

ここで直近の国家予算を見てみよう。次ページの図7−13の財務省作成資料のとおり、2017年度の一般会計予算は過去最大の約97・5兆円だ。国家予算は膨らみ続けている。

太　歳出の33・3％が社会保障費なんだ……。で、歳入の35・3％が借金。必要なお金の3分の1以上を借金でやりくりしているんだな。こりゃあ借金しないとやっていけないね。借金ができなくなったら大変だ。

モ　そう。それで、国債費つまり借金返済が歳出の24・1％を占めている。借金で借金を返す状態なのがこれでわかるでしょ。ちなみに、この他に一般会計よりも額が大きい特別会計というものがあるけど話がややこしくなるから省略する。こうやって出ていくお金が増える一方で、増税は延期されてしまった。さらに、インフレ目標も達成できていない。緩やかなインフレの実現は国の借金の負担を軽くするというもくろみもあった。物価が上がれば上がるほど、税収が増えて借金を返すのが楽になるからね。例えば、100円のものが10倍になって1000円になったとしよう。消費税も8円から80円に増えることになる。

図7-13　2017年度一般会計歳出・歳入の構成

資料：財務省作成資料「平成29年度予算のポイント」

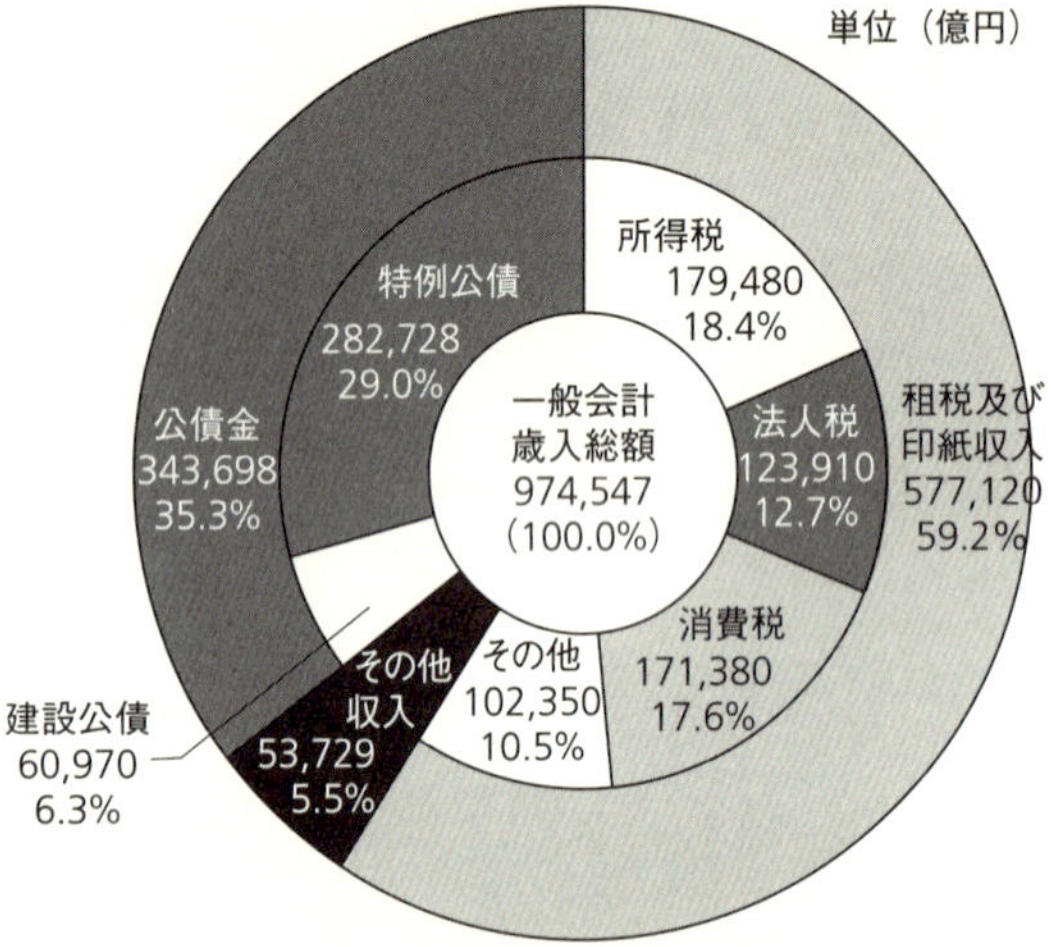

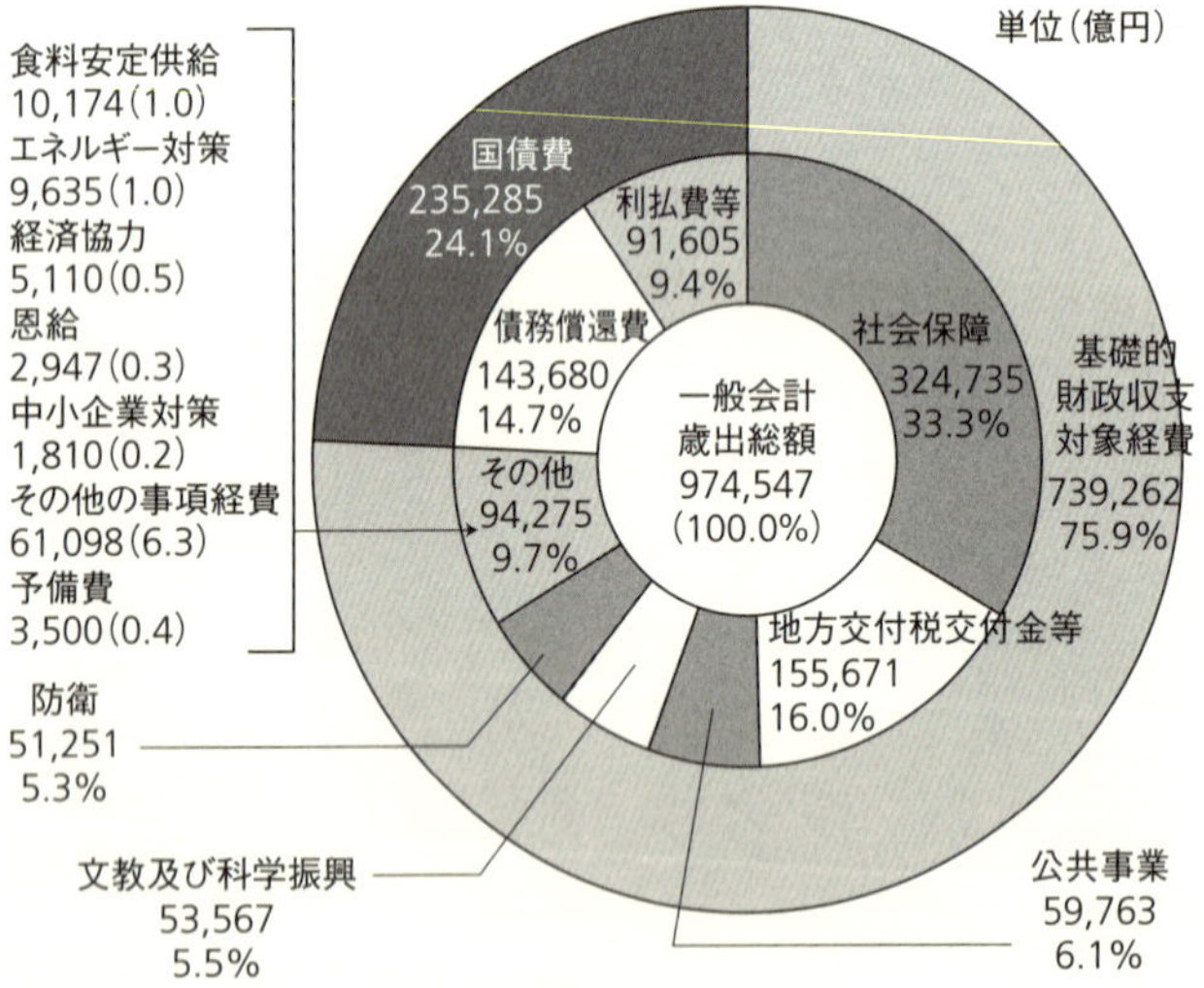

太　そうか。もう借金が増えすぎてまともな手段じゃ返せないから、金融緩和で無理やり物価を上げて借金返済を楽にしようとしたんだな。でも、物価目標はいまだ達成できず、2016年はむしろ前年比マイナスになってしまった。

モ　それに加えて、2008SNAを隠れ蓑にして、「その他」の名目で思いっきりGDPをかさ上げしたでしょ。これ、日本の借金返済能力をごまかす行為だからね。政府は改ざんしたなんて絶対に認めないからいろいろ言い訳するだろうけど、国民が納得するような説明をするのは難しいはずだ。これを野党が追及すれば大問題になって、国債の人気が下がるだろうね。

太　ここまでをまとめると次のとおりだね。

①メガバンクの1つが国債のプライマリーディーラーを返上。
②支出は増える一方なのに増税は延期。
③インフレ目標が達成できないから借金の負担は軽くならない。
④借金返済能力をごまかすGDP改定。

太　こんな状況で金融緩和をやめた場合に、果たして民間金融機関が以前と同じように国債を低金利で買ってくれるのかな。う〜ん、金利が跳ね上がっちゃう気がするな〜。なんか出口がなさそう……黒田東彦《くろだはるひこ》日銀総裁はこの異次元の金融緩和の出口戦略についてなんて言っているの？

モ　「時期尚早」としか言っていないよ。もう開始から4年も経っているのにね。緩和終了を匂わせたら市場が過剰反応して国債、円、株がすべて暴落するかもしれないって思っているんじゃないかな。だから出口戦略に触れることすら嫌がる。

太　なんだそれ……。何にも考えてなさそう。

モ　ちなみに、黒田総裁の任期は２０１８年の4月8日までだ。

太　え？　あとちょっとしかないじゃん。それなら下手なこと言って非難されるより「時期尚早」って言って逃げ続ける方がいいじゃんね。次の総裁どうすんだろ。こんな状態で後を引き継ぐなんて僕なら絶対嫌だよ。

モ　そうだね。次の総裁も緩和はやめないんじゃないかな。経済が大混乱して責任を問われるからね。国債の買い入れも、ＥＴＦの買い入れもずっと続けるんだろう。

金融緩和は壮大な現実逃避

太　異次元の金融緩和をずっと続けたら、この先一体どうなっちゃうの？　案外何事もなく済んだりしないの？

モ　どうだろうね。前代未聞の政策だから何が起きるか僕も予想できない。ただ……何事もなく済むなんてそんな都合の良い話があるのかな。日銀がやっていることって、実際のところは、財政法第５条で禁止されている「国債の直接引き受け」と変わらないからね。一度民間の金融機関に国債買わせてワンクッション入れた後で買い取っているだけだから。

この方法でずっとごまかせるんなら、増税なんていらないよ。事実上無制限に日銀が国債を買ってくれるんだから。異常に低い金利で無限に借金ができてしまう。なお、このまま日銀が民間にある国債を全部買い上げて、永久債にしてしまえばよいという意見もある。永久債というのは、償還期限のない債券のことだ。利息だけがずっと支払われ続ける。

太　それ、超インチキだよね。無限に新しい借金ができるし、今までの借金については元本を返さなくてよいってことじゃん。突き詰めていけば、そもそも税金をとらない無税国家にすることだってできちゃうよ。全部国債でまかなえちゃうんだから。

モ　うん。これで円の信用が保てるのかが心配だ。通貨というのは、通貨を発行する国に対する信用で成り立っている。太郎、紙幣ってよくよく考えたらただの紙切れでしょ。これがなぜ通貨として使われているのかといえば、みんなが「価値がある」と信じているからだ。ここで、ちょっと歴史の話をしよう。紙幣の始まりは「預かり証」だ。金貨や銀貨を持ち運ぶのがめんどくさいから、それを預けて代わりに預かり証を発行してもらったのが起源だと言われている。

太　価値の裏付けとなるものがあったということだね。金貨や銀貨と交換できる紙切れだからみんな価値を信じたわけだな。

モ　そう。そして、ひと昔前までは、「金本位制《きんほんいせい》」という制度があった。これは、通貨と金《きん》との交換を保証する制度だ。貴重な金属である金との交換を保証することによって、通貨の価値を信用させていたんだ。

この制度だと、発行する通貨に見合う金を用意しなければならない。そうなると、拡大する経済活動に見合う通貨量を確保することが難しくなってくる。だから金本位制は現在取られていない。今、世界の通貨は、純粋にその国に対する「信用」で成り立っている。

太　通貨の価値の裏付けになるのは「信用」しかないのか……じゃあ信用が崩れたら大変なことになるね。

モ　そう。信用が崩れれば異常なインフレが起きる。信用がゼロになってしまえば100億も1兆も関係ない。だからドイツではパン1個が1兆マルクになるようなものすごいインフレになった。金本位制だったらこんな現象は起きないんだけどね。国が民間の金融機関から借金をすることは、みんなが努力して獲得した貴重なお金を借りているということになる。だからみんなそのお金の価値を信じる。でも、国が日銀から直接借金する場合、そのお金はみんなが努力して獲得した貴重なお金じゃない。つまり、無から有を生み出しているようなものだ。そんな「いくらでも都合よく生み出せてしまうお金」の価値なんてみんな信じるのかな。今の日銀は民間金融機関が落札した新発国債をすぐに買い取っている。だから実質的には落札代金を日銀が払っていることに等しい。これは無から生まれたお金を国へ貸しているのと同じ。したがって円が「いくらでも都合よく生み出せてしまうお金」になってしまっているんじゃないかと思うよ。

太　今の状態が続くといつか円の信用がなくなって超円安になるかもしれないってこと？

モ　うん。その可能性はある。「日本は物価を上げるためじゃなくて、単に借金をごまかすために金融緩和をしているだけ」と世界から思われたら、そうなっちゃうかもしれない。何がきっかけでそう思われてしまうかはわからない。その日はいつか突然訪れるかもしれない。そして、行き過ぎた円安が日本経済に大ダメージを与えることは今まで見てきたとおりだ。激しいインフレが国内消費を直撃するだろう。また、超円安になれば当然日本企業の業績も悪化することが予想されるから、株価も暴落するかもしれないね。

太　怖いな〜。ところで、金融緩和しなかったらどうなっていたのかな？

モ　少なくとも消費税の増税の延期はできなかったんじゃないかな。こんなに借金した状態で収入を増やす道を閉ざしてしまったら、みんな日本の返済能力に疑問を持つだろう。そうすれば国債の人気が下がり、金利が急騰してしまい、余計に借金を返すのが大変になる。だから、国民の反対があっても増税はしたと思うよ。安倍総理だってギリギリまで増税の延期を決めなかったでしょ？

政権を取る前は増税しないと言っていた民主党が、政権を取った後になって前言を撤回して増税したのも、厳しい現実を目の当たりにしたからだろう。そして、自民党はずっと政権を担当していたから、厳しい現実を当然知っていた。だから、民主党の提案を受け入れ、公明党も含めた3党合意をして増税することにしたんだろうね。でも金融緩和で日銀が国債を爆買いしているおかげで、金利の急騰は起きない。だから金融緩和が継続している限り、国民の反感を買う増税は先送りにできてしまう。そして現に先送りされてしまった。

太　金融緩和って、壮大な現実逃避じゃない？

モ　そのとおりだよ。金融緩和のおかげで、借金の問題から目をそらすことができる。また、ＥＴＦの買い入れや年金資金の投入と組み合わせて無理やり株高にし、なんだか景気が良くなった錯覚を起こすことができる。永遠にこれを続けることができるなら、永遠に現実逃避できるだろう。でも……そんなことできると思う？

太　無理じゃないの。そんなに都合よくいくとは思わない。だいたい、金融緩和って第1の矢なんだよね。最初にガツンとやって勢いつけて第2の矢、第3の矢って進むつもりだったんじゃないの？

モ　うん。こんなに長期戦になるとは考えていなかったと思うよ。だって最初は前年比2%の物価上昇を2年で達成するって言っていたんだから。金融緩和ってのはあくまで一時的なカンフル剤で、ずっと続けるようなものじゃない。だからこそ「第1の矢」なんだ。まあでも物価目標が達成できないのは、アベノミクス推進側にはかえって良いことかもしれないけどね。

太　なんで?

モ　前年比2%なんかで物価が上がったら賃金がそれに追いつかず、消費が冷え込んで経済が停滞することは今までの統計が証明しているでしょ。それに、目標が達成できたら緩和を継続する大義名分がなくなる。しかし緩和をやめたら国債、円、株の大暴落が起きる可能性がある。

太　物価目標を達成できないままなら、延々と現実逃避を続けることが可能ということね。なんか今の日本て、いつ割れるかわからない薄い氷の上を歩いているような状態なんだね。

モ　うん。正直言って、この金融緩和を何の経済的混乱もなく終わらせる手段は思いつかない。かといって、ずっと続ければ円の信用が突然失われる可能性もある。いずれにせよ、超円安になってひどいインフレが起きる可能性は否定できないということだ。まあそうなれば、かえって政府にとってプラスの面はあるんだけどね。

太　ものすごいインフレになれば借金を返すのは楽になるもんね。

モ　うん。ここで太平洋戦争後に日本がどうやって借金を返したか簡単に説明しよう。政府は一定額以上の預金を引き出せなくする預金封鎖を行った。

太　預金をあらかじめ引き出していた人は難を逃れたわけね。

モ　いや、違う。預金封鎖と一緒に新円切替を行った。預金した人だけが新円と切り替えることができ、旧円は無効になった。こうすると、預金せざるを得ない。新円をもらう方法は預金しかないからね。そうやって預金させたところで、持っている資産に合わせて最低25%、最高90%の財産税をかけて税金を取った。それを膨れ上がった借金の返済に充てたんだ。これは当時進行していたインフレを抑えるためという大義名分で実行された。ただ、これでも返しきれたわけではない。結局その後も進行したインフレの方が大きく影響して、借金をどうにか返すことができた。

太　ふ〜ん。借金が膨らみすぎて返しきれなくなった時はインフレが起きて、それで借金をどうにかするわけね。

モ　うん。激しいインフレは財産が没収されるのと同じさ。例えばインフレが進行して物価が100倍になれば、100万円の預金の価値は1万円になってしまう。その一方で、100万円の借金は1万円になり、返すのが非常に楽になる。

太　インフレで国民の財産が没収されるのと引き換えに、国が借金を返すことができる、ということね……借金を放っておくと最後にはそうなる可能性があるということか。

モ　そう。だから、インフレは「インフレ税」とも呼ばれるんだ。こういった事態にならないよう、国の借金を適正な範囲内に収めていく必要がある。だが……それは増税と歳出削減をすることを意味するから、当然国民の支持は得られず、選挙に勝つのは難しくなる。これは民主主義の限界と言っていいかもしれない。

太　そうやって嫌なことを後回しにし続けると、最後に思いっきり痛い目にあうということか。なんだか夏休みの宿題みたい。最初から毎日コツコツ我慢してこなしていけば余裕で片付くけど、後回しにすると全然間に合わなくて大変な目にあう。

モ　うん。そうならないように、安倍総理も「財政再建」をことあるごとに言っているでしょ。そして、アベノミクスは財政再建の手段でもあった。経済成長を実現して税収を増やせば借金を減らせるからね。だけど、思うように経済成長できなかったから、結局増税を延期せざるを得なかった。

太　アベノミクス失敗で増税もできなかったけど、現実逃避は延々と継続している……これ、最悪の状態じゃん。

モ　うん。そして、戦後よりも状況はひどい。なぜなら、戦後に残った膨大な借金は戦争によるもので、戦争が終わってしまえばそれ以上増えないからだ。しかし、今膨らんでいる借金は社会保障費の増大によるものだ。だから、極端なインフレで一時的に債務を圧縮できたとしても、急上昇した物価を前提にまた社会保障費が積み上がっていってしまう。しかも高齢人口が増え続けるからそのペースは早まり続ける。

太　インフレで一時的に帳消しにできても逃げられないってことね……。

モ　そう。だから一刻も早く手をつけなきゃいけないんだけど、今のままだと、この現実逃避状態はずっと続くだろうね。そして現実逃避を続ければ続けるほど、返済しなければならない借金の額が膨らみ、余計に返すのが困難になっていく。さて、第7章をまとめてみよう。

第7章まとめ

①日銀が金融緩和をやめる、つまり国債の買い入れをやめると、国債が暴落する可能性がある。

②国債が暴落すると、円と株も暴落する可能性がある。

③国債が暴落すると長期金利が上昇し、国の借金返済が余計に困難になる。

④上記①～③の事態を避けるため、このまま金融緩和を続けたとしても、どこかで円の信用が失われ、円が暴落する可能性がある。

太　なんだか超巨大な時限爆弾を背負っている気分だよ……。

モ　そうだねぇ。緩和をやめたら爆発するだろうね。かといって後回しにしてもやっぱり爆発するかもしれない。より威力を増してね。もうアベノミクスが失敗しているのははっきりしているけど、大きなダメージを被ることなしに終えることはできないだろう。この大きすぎる副作用こそがアベノミクスの最大の問題点だ。

第8章

それでも、絶望してはいけない

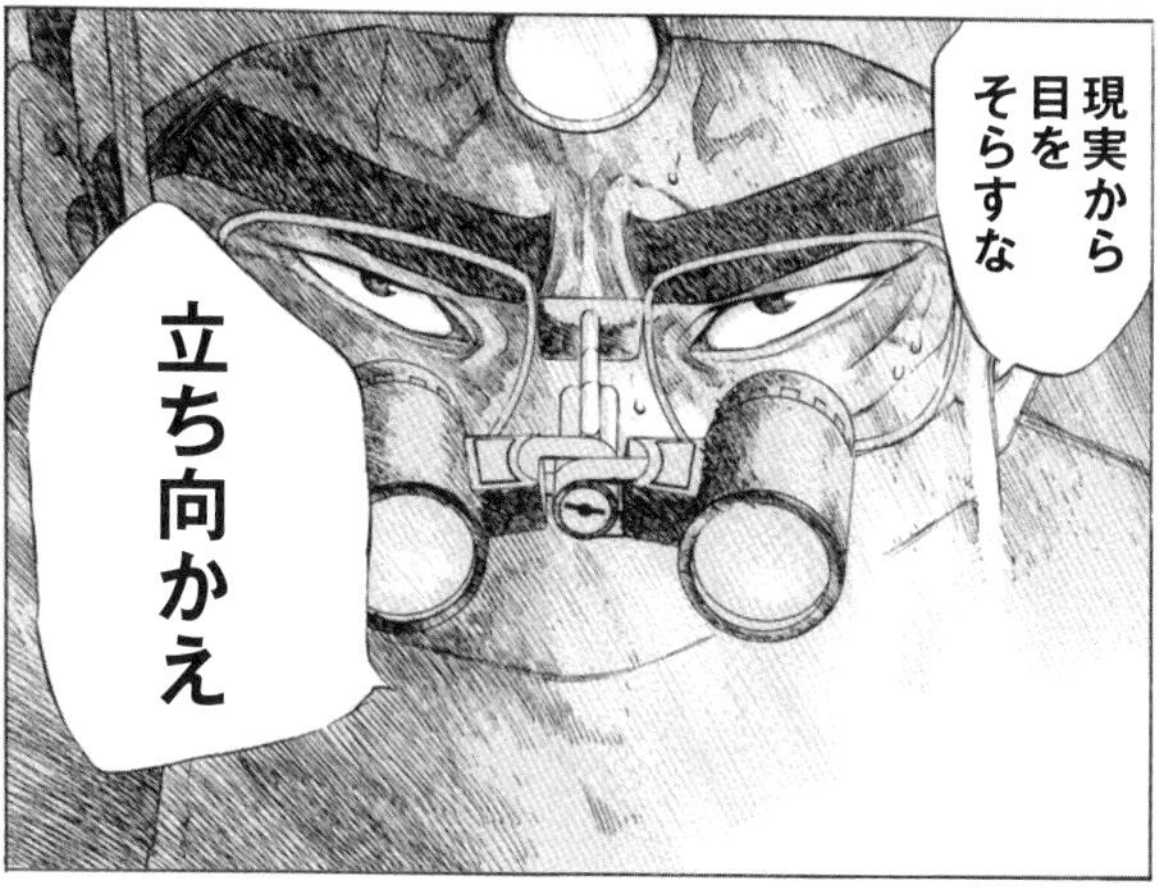

©『ブラックジャックによろしく』佐藤秀峰

私たちはこれからどうしていくべきか

モ　さて、最後に総まとめをしてみよう。

①異次元の金融緩和を行っても、マネーストックの増加ペースは変わらなかった。物価上昇は消費税の増税と円安によるものだけ。マイナス金利も効果なし。

②増税と円安で物価は上昇したが、賃金がほとんど伸びなかったので消費が異常に冷え込み、経済は停滞した。

③経済停滞をごまかすため、2008SNA対応を隠れ蓑にした異常なGDP改定が行われた。

④雇用の数字改善は労働人口減、労働構造の変化、高齢化による医療・福祉分野の需要増の影響。これはアベノミクス以前から続いている傾向で、アベノミクスとは無関係。

⑤株高は日銀と年金（GPIF）でつり上げているだけ。実体経済は反映されていない。

⑥輸出は伸びたが製造業の実質賃金は伸びていない。また、輸出数量が伸びたわけではない。円安で一部の輸出企業が儲かっただけ。

⑦3年連続賃上げ2%は全労働者（役員を除く）のわずか5%にしか当てはまらない。
⑧アベノミクス第3の矢の目玉である残業代ゼロ法案は長時間労働をさらに助長し、労働者の生命と健康に大きな危険を生じさせる他、経済にも悪影響を与える。
⑨緩和をやめると国債・円・株価すべてが暴落する恐れがあるので出口がない。しかし、このまま続けるといつか円の信用がなくなり、結局円暴落・株価暴落を招く恐れがある。

太　アベノミクスってはっきり失敗だったけど、大きな痛みなしに終えることができないということか……かといってこのまま現実逃避を続けても、結局円と株価の暴落が待っているかもしれないし……引くも地獄、進むも地獄って感じだね……嫌になっちゃう。

モ　これだけの現実を見て「民進党よりマシ」って言えるかな？

太　う～ん。これだけの現実を見せられると民進党よりマシって言えないよ。だって実質GDPは民主党政権時代の3分の1しか伸びてないし、実質賃金は下げられるし……挙句の果てにGDPをごまかす改定するし、その上、超特大の副作用を残すし。残業代はゼロにされそうだし……。

モ　アベノミクスの現実を知ればそうなると思うんだよね。輸出が伸びたこと以外はほぼ何も良いことなかったんだから。その輸出の伸びだって肝心の国内消費を犠牲にしたものだしね。でも、国民のほとんどはこの現実を知らない。みんなアベノミクスという言葉は知っているけど、中身とその効果については全然知らない。

太　うん。そういう状況だとアベノミクスって選挙対策としてはいいよね。中身は知らないけどなんか「頑張ってる感」は出るし、株価とか為替とか目立つ数字だけは好調に見えるから「民進党よりマシ」って考えにつながりやすいよね。

モ　そう。だから、「自民党以外に頼れる政党がない」って考えになる。本当は史上最悪の経済政策を実行して、出口も見つからずに現実逃避をしているだけなのにね。ただ、これは野党も悪い。いつも経済を主要争点にされて負けているのに、経済統計をちゃんと分析してアベノミクスの失敗を国民に知らせることをしてこなかったんだから。

太　でもさあ、批判するだけなら野党に投票する気にならないよ。「自民党も嫌。野党も嫌。入れるとこない。だから選挙に行かない」って考えになるじゃん。

モ　そうだね。だから民進党をはじめとする野党には、批判するだけではなく、もっと自民党とは違った政策をアピールしてほしいところだね。

太　民進党って労働者側政党なんでしょ。もっとその点をアピールした方がいいよね。民進党がそういう政党だったなんて僕知らなかったし。

モ　そうだね。労働力人口がどんどん減少していくこの国において、貴重な労働力を使い潰すことにつながる長時間労働をなくすことが、この国の一番の課題と言えるんじゃないかな。そしてそれは使用者側政党である自民党には実現できない。現に残業代ゼロ法案を提出して長時間労働撲滅に逆行することをしているしね。長時間労働を撲滅できるのは、労働者側政党しかないんじゃないかな。

太　そうだよね。僕、人間らしい生活がしたい。死ぬほど働かされるなんて嫌だよ。だけど、今のまんまじゃアベノミクスはまだ終わらないよね。どうなるんだろ。

モ　いつかの時点で円と株価の暴落が起きて経済に大混乱が起きれば、さすがに国民も目を覚ますかもしれない。

太　気づいた時には日本終了じゃん。嫌だよそんなの。

モ　太郎、もの凄いインフレが起きるとか、とっても痛い目にあうかもしれないけど、この国が消えてなくなるわけじゃない。諦めちゃいけないよ。もう痛い目にあわずに済む方法はないかもしれないけど、どん底に落とされたってそこから這《は》い上がればいい。君たちの大先輩が敗戦後の瓦礫《がれき》の山からこの国を立て直したようにね。

太　う～ん。ま、頑張るしかないね。僕、なんだかんだ言ってこの国好きだし。

モ　その意気だよ。絶望してはいけない。諦めは何も生まない。少子高齢化で大きな経済成長が期待できず、社会保障費が膨らんでいってしまうのは先進国であればどこも直面する問題だ。日本はその問題の最先端に立たされていると言ってよいだろう。君たちが頑張ってこの大問題の解決の筋道を世界に示すんだ。

太　なんか話が大きくなってきたね。うん、頑張るよ。そのためにはもっといろいろ勉強しなきゃだな。

あとがき

「アベノミクスって思ったよりうまくいってないかもしれないけど、民主党政権時代よりはマシだろう」――自分で統計データをいろいろ調べてみるまでは、私もそう思っていました。

調べてみたら、まるで違いました。アベノミクスは想像を絶する大失敗に終わっていました。

これはみんなに知ってもらわなくてはならない、ということで、ブログに書いたのが「アベノミクスによろしく」でした。まえがきにも書きましたが、佐藤秀峰先生が二次利用フリーで公開している『ブラックジャックによろしく』を使わせていただくことで、訴求力が格段にアップし、多くの方にブログを読んでいただくことができました。大多数の人にとってなじみの薄い、かつわかりにくい「経済」の話に興味を持ってもらうためには、この漫画の存在が必要不可欠でした。佐藤先生には心より感謝申し上げます。

そして今回、光栄なことに書籍化のお話をいただき、ブログ版を大幅にパワーアップして本書を書きました。

なお、ブログ版は暦年データを中心にして作っています。他方、書籍版は年度データを中心に作っていますので、数字が異なります。例えば、名目賃金は暦年データでみるとアベノミクス3年間で0・1%しか伸びていませんが、年度データで見ると0・5%伸びています。また、暦年データで改定前の実質民間最終消費支出を見ると、2年連続で下がる現象はリーマンショックの際にも起きています。

このような違いが生じますので、ブログ版を読まれた方は、くれぐれも暦年データと年度データを混同しないよう注意してください。

自分でとことん調べてみて、「民主党政権時代よりマシ」だなんて口が裂けても言えなくなりました。そんなものはただの思い込みにすぎませんでした。確かにアベノミクスは、ごく一部の人たちに利益をもたらしました。しかし大多数の国民には何の恩恵も与えていないし、それは今後も変わらないでしょう。為替と株価という目立つ部分が良く見えるだけです。

その上、私たちはアベノミクスが生んだ特大の副作用と闘わなくてはならない運命にあります。

一人でも多くの方に、この現実を知ってもらいたいと強く思います。

２０１７年８月吉日

明石順平

図版作製　タナカデザイン

明石順平《あかしじゅんぺい》

弁護士。一九八四年、和歌山県生まれ、栃木県育ち。東京都立大学法学部、法政大学法科大学院を卒業後、現職。主に労働事件、消費者被害事件を担当。ブラック企業被害対策弁護団所属。ブログ「モノシリンの3分でまとめるモノシリ話」管理人。

アベノミクスによろしく

インターナショナル新書〇一四

二〇一七年一〇月一二日 第一刷発行
二〇一八年 一 月二三日 第五刷発行

著　者　明石順平《あかしじゅんぺい》
発行者　椛島良介
発行所　株式会社 集英社インターナショナル
〒一〇一-〇〇六四 東京都千代田区神田猿楽町一-五-一八
電話 〇三-五二一一-二六三〇
発売所　株式会社 集英社
〒一〇一-八〇五〇 東京都千代田区一ツ橋二-五-一〇
電話 〇三-三二三〇-六〇八〇(読者係)
〇三-三二三〇-六三九三(販売部)書店専用
装　幀　アルビレオ
印刷所　大日本印刷株式会社
製本所　加藤製本株式会社

 Printed in Japan ISBN978-4-7976-8014-0 C0233

インターナショナル新書

010
国民のしつけ方
斎藤貴男

政権による圧力と、メディア側の過剰な自主規制。その有り様はまるで国民をしつけるために巧妙に仕組まれているかのよう。真実を知るために何をすべきか。

011
流れをつかむ技術
桜井章一

勝負の世界だけでなく、仕事や生き方にも流れは重要。麻雀の裏プロの世界で20年間無敗の伝説を持つ桜井章一が、「流れのつかみ方」の奥義を伝授。

012
英語の品格
ロッシェル・カップ
大野和基

英語は決して大ざっぱな言語ではない！ ビジネスや日常生活を円滑にするには、繊細で丁寧な表現が必須。すぐに役立つ品格ある英語を伝授する。

013
都市と野生の思考
鷲田清一
山極寿一

哲学者とゴリラ学者の知の饗宴！ 京都市立芸大学長、京大総長でもある旧知のふたりがリーダーシップから老いまで、今日的テーマを熱く論じる。

015
戦争と農業
藤原辰史

トラクターが戦車に、化学肥料が火薬に――農業を変えた技術は、戦争のあり方を変えた。飢餓と飽食が共存する世界で私たちにできることは何か？